追梦

钱华根 著
万士娟

浙江工商大学出版社
ZHEJIANG GONGSHANG UNIVERSITY PRESS

·杭州·

图书在版编目（CIP）数据

追梦 / 钱华根，万士娟著. — 杭州：浙江工商大
学出版社，2023.3

ISBN 978-7-5178-5404-3

Ⅰ.①追… Ⅱ.①钱… ②万… Ⅲ.①教育－文集

Ⅳ.①G4-53

中国版本图书馆 CIP 数据核字（2023）第 041572 号

追梦
ZHUI MENG

钱华根　万士娟　著

责任编辑	张晶晶
责任校对	何小玲
特约编辑	李大军
封面设计	佐佑品牌
责任印制	包建辉
出版发行	浙江工商大学出版社
	（杭州市教工路 198 号　邮政编码 310012）
	（E-mail：zjgsupress@163.com）
	（网址：http://www.zjgsupress.com）
	电话：0571 - 88904980,88831806（传真）
排　　版	杭州尚俊文化艺术策划有限公司
印　　刷	杭州丰源印刷有限公司
开　　本	889 mm×1194 mm　1/32
印　　张	6.375
字　　数	136 千
版 印 次	2023 年 3 月第 1 版　2023 年 3 月第 1 次印刷
书　　号	ISBN 978-7-5178-5404-3
定　　价	78.00 元

序一

优秀孩子是怎样培养出来的

　　每位家长都满怀希望地想把孩子培养成才，这种望子成龙的渴求完全能理解，但最后又有多少孩子能成为出类拔萃的骄子呢？

　　优秀孩子的培养，必须有家庭、学校和社会的密切配合，而优秀的家庭教育又是重中之重。当今我们有些家长对孩子的教育急于求成，却又束手无策，并不断采取错误的教育方法，导致孩子反感、怨恨，直至走向反面。这很值得我们每位家长深思。钱华根和万士娟两位老师已有三十多年的教龄，经过深思熟虑后，他们把教育孩子的经验、教训、做法和理念整理成《追梦》一书，将一个个娓娓动听的精彩故事，奉献给家长，很值得大家学习借鉴。

　　钱老师的孩子梦昊非常优秀。我与梦昊接触不多，仅仅在他考上清华大学那年的暑假，在旭日东升、阳光普照的实小操场上锻炼身体时，见过几面。一交流我就发现他是位非常阳光、充满朝气、待人谦和热情的好青年。

　　平日在与钱老师的交流中，我得知，梦昊在他父母亲的精心、耐心、科学的培养下，又在梦昊自己坚持不懈的努力下，从幼儿开始已经懂得孝敬长辈、尊敬老师、关爱同学的道理，并体现在他的行动上。进入小学后，他已经逐步成为兴趣广泛、全面发展的学生。他在小学时，就在报刊上发表了四十多篇文章；在数学的"中环杯"比赛中获得了全省第六名；在学校运动会上，他的中、长跑都得了冠军。他爱好书法，在平湖市小学硬笔、毛笔比赛中都得了一等奖，吹奏竹笛也夺了冠。初二时获数学联赛全省第四名，初三获数学联赛全省第一名。进入高中后，他从全面的爱好转入重点的强攻，这样有取有舍，才能得到更好的发展。

当然孩子的成长也不可能都是一帆风顺的。梦昊在成长中也出现过这样或那样的问题，比如：他曾迷恋手机，一时不能自拔；他喜欢上了电脑，违反父亲规定的要求；在初中时也出现了"早恋"的冲动；有的问题的出现甚至毁了他考进北京大学数学专业的梦想……可是这一切在他父母亲的耐心且正确的教育、疏导下，又在他明白了道理和对自己的严格要求下，一一得到了化解。而这一切更是值得我们每位家长学习的。如果我们家长在培养子女这一重大事情上，想一蹴而就，想毕其功于一役，想不花精力就把子女培养成龙凤，那么最后的结果必定是失败。

钱、万两位老师究竟又是凭哪些重要的教育理念把孩子培养成优秀人才的呢？

首先，两位老师明确表示，高尚的道德素质的培养应该放在第一位。优秀的思想品德是其他各方面发展成长的根，根壮才能叶茂，才能健康成长，因为道德品质低下的人是无法成为优秀人才的。"百善孝为先"，钱老师又把"孝敬长辈"放在思想教育的重要地位。一个没有孝心的孩子，要爱同学尊老师，又爱别人爱国家，是很难做到的。

其次，培养良好的习惯，这是文章中记叙的重点。钱、万两位老师讲"培养良好的习惯是家庭教育的重点，是素质教育的突破口"。良好的习惯能体现一个人的素养和性格，而良好的习惯必须从小培养，必须从小事小处培养，必须从方方面面培养。良好的习惯，将让人终生受用、处处得益。

最后，是要有科学的教育方法。培养孩子良好的兴趣，培养孩子自主学习的能力，培养孩子观察、认识和分析事物的方法，培养孩子独立思考的能力，培养孩子持之以恒、心无旁骛的决心，培养孩子创新的天赋，这些都是科学的教育方法。而作为家长又应该区分轻重缓急，有先有后、循序渐进地付诸实践。孩子一旦真正掌握了这些科学的学习方法，并养成了好的学习态度，要他们不成才也难了。

两位老师书中所讲的做人、学习的道理，是教育的真谛，是他们用教育的先进理念在实践中得到了验证的成功经验。

戚家骐

2022年8月27日

戚家骐简况：

1942年11月生。1962年从杭州师范学院毕业，同年8月参加工作。2005年1月退休。

1962年至1980年在鄞县（今鄞州区）任教。

1980年8月调入平湖市平湖中学任教。

1984年10月加入中国民主促进会。

1989年任民进平湖市委会副主任委员。1992年、1997年任两届民进平湖市委会主任委员，同时任民进嘉兴市委会委员。

1988年8月调入平湖市职业中专任校长至2003年1月。

1986年成为平湖市政协委员、政协常委、政协教科文委副组长。

1986年被选为平湖市人大代表。1989年、1992年、1997年被选为平湖市人大代表、人大常委会委员，并担任了两届平湖市人大教科文委兼职副主任。

1992年至1997年被选为嘉兴市人大代表。

1986年被授予浙江省优秀教师和全国教育系统劳动模范。

2000年被授予民进全国先进工作者。同年被评为浙江省特级教师。

2001年被评为浙江省功勋教师。

逐光少年

回望自己十几年的教学生涯，一些有缘的少年和我都在彼此的生命中匆匆而来，又依依离去，他们奔向各自广阔的天地，而我就留在原地或前行或回望。有些少年深深地印在我记忆深处，梦昊就是其中一个。

尽管已时隔五年，但这个少年的模样还能清晰地浮现在眼前：矫健的身姿，黝黑的皮肤，略为卷曲的短发，还有那双倾听时深邃而又充满灵性的眼睛。梦昊是我在镇海中学的2014级学生，当时我带的1班是镇海中学的创新班，创新班里自然会聚的皆是精英，每个孩子曾经都是初中的翘楚，梦昊也不例外。

记得新生适应性训练时，这少年就给我留下了深刻的印象。个子较高的他坐在最后，军训时每次去操场上练习，他总会把班级前后的灯关好。中场休息时，他总会带头把大家东倒西歪的水瓶摆放整齐，有时还是一些有意味的造型，比如"No.1"。拔河比赛、会操比赛时，他很会鼓舞大家的士气。后来的班委自荐，我毫不犹豫地认同他担任副班长。事实也证明他是一个非常给力的班委。他能很好地约束自己，起到了很好的模范引领作用。不管是运动会、班级集体舞比赛，还是后来的大型集体活动，他都主动挑大梁，是一个敢于担当、勇于拼搏的少年。

学习上，他有非常好的学习习惯，认真踏实，尽管数学竞赛的失利让他颇受打击，那时班级里好多同学因为竞赛而获得清北的提前锁定和青睐，那段时间梦昊略有些自卑和迷茫，但庆幸的是，他很快走出低谷，最后进了清华大学。这和他父母的教育引导绝对是分不开的。梦昊的爸爸曾来办公室和我交流过几次。他谈吐儒雅，教育思想智慧而有深度，在亲子关系比较紧张的高中阶段，依然能和儿子像朋友一样平等和谐地相处，着实让我感慨：正是这样的家庭环境，塑造了这样优秀的少年。

现在的梦昊在求学路上应该进入了一个更高更广的天地，希望你永远是那个逐光少年，继续追逐光、成为光、散发光。相信你会！

陈晓燕

镇海中学2014级高三（1）班班主任

序三

梦昊论剑

人的一生总会有很多个阶段，从我出生开始，也已过了二十多个年头，不长不短。在这二十多年里，从一个婴儿到现在，并非易事。每个人在成长过程中都会遇到很多人很多事，这些人这些事或是生命中浓墨重彩的一笔，或是淡淡略过，已然忘记。父母、老师、同伴，这三者在我目前为止的成长经历中扮演了最重要的角色，他们带给我的影响强烈而深远，让我学识有所长进，明白一些道理。因此，首先感谢一路上相遇的每一个人，尤其是父母、老师和同伴。

目前为止的成长经历中，作为学生的时间占了绝大多数。对于学生而言，最重要的一件事自然是学习。就学习这一点而言，虽然也见过太多比我更加擅长学习的人，或是擅长掌握一门新知识，或是擅长考试，但是一些收获体悟还是可以分享给大家的，希望能够对处于小学至高中某个阶段在学习上有所困扰的同学和他们的家长起到帮助。当然，每个人的性格和成长经历都有所不同，这些收获体悟仅供参考，适合自己的才是最好的。

小学阶段的学习，在相当程度上和家庭教育分不开。玩是孩子的天性，这个年纪的孩子都喜欢玩，我也喜欢玩。但是除了玩，还得学。除了学习知识，打好基础，这个阶段更是培养习惯的阶段。从学习拼音、学习算数开始，家庭的教育便和学校的教育密不可分，一定程度上起到了互补的效果。当然，这也得益于父母都是教师，在家里，即使有不会的问题也可以及时得到解答。有人可能觉得在这一点，我比父母无法在学习上给孩子直接帮助的同学占了不少的优势。确实，这没错，但是更重要的一点在于思路。相比学会一个知识，怎么去学才是更为重要的。

小孩子总是容易分心的，其实不仅仅是小孩子，大人也一样。为了培养专注力，我进了书法班。学书法是需要静下来的，练字的时候不能想着其他，尤其是学软笔书法。先是每一笔每一画，再到每个偏旁每个部首，接着组合成每个字，最后是拼成整幅作品。这整个阶段中，都需要保持足够的耐心和足够的专注。就我个人感觉，练习软笔书法一方面是让我的字更加美观，另一方面是使我沉得住气，集中得了精神。从学书法，到学习课本上的知识，这都是相通的。练书法时写不好的字需要反复练习，学习中不懂的知识点也要反复巩固。静下心来，才能学得进去。

小学阶段的学习，对于已经有能力掌握课内知识的同学来说，还需要适当地拓展和超前。我在这个阶段的课余时间里学了奥数，这对以后的发展也起到了很重要的作用。

如果说小学阶段家长在很大程度上起到了把关作用，到了初中阶段孩子则是更加独立了。为了接受更好的教育，父母不辞辛劳送我去外市的学校读书。小学阶段养成的学习习惯为初中学习打下了很好的基础。课上认真听讲，课后整理复习，勤于思考，劳逸结合。道理大家其实也都明白，难的是如何做到。可能可以做到一节课认真听讲，但是一个月、一个学期的课呢？当然，一直保持高度的注意力集中也是不太现实的，因此要学会抓住重点，一旦讲到重点内容了，绝不能分心。上课不听老师讲授知识，课后要自己弄明白可能需要花更多的时间，因此不如课上就把知识点弄明白了。复习也同样重要，一是重新把知识在脑中激活，二是有利于调整考试心态。充足的准备往往会带来更好的成绩。勤于思考不管在学习的哪个阶段都格外重要。一味地接受课本上的内容是不可取的，要学会自己提出问题，思考问题，要敢于质疑。劳逸结合则是要保证休闲娱乐课外活动的时间和学习的时间达到一个平衡，在保证学习效率的同时，也要适当放松，保证休息时间。

我印象特别深的是初中时的数学老师兼竞赛老师，他教会我的不仅仅是知识。很庆幸能够进入一所好学校，遇到好老师，他的生动的讲课和个人魅力，再加上我小学阶段的数学基础，让我对数学竞赛产生了浓厚的兴趣。这种关系是一种亦师亦友的关系，我经常会和他讨论题目，有时候碰上他自己也拿不准的问题，他把问题记下后会去查找资料，等把问题搞明白了便会第一时间来找我交流。从这位老师这里我学到了解决问题的思路，学到了研究问题的方法，也看到了自己还有很多的不足，应时刻保持谦逊，时刻怀有学习的心态。

高中的学习和之前又大不相同。在高一、高二时期，我把不少精力花在了数学竞赛上，也取得了一定的成绩，对报考大学也起到了很大的帮助，但是更让我印象深刻的还是备战高考的经历。虽说高考不能决定人的一生，但是它可以决定大学四年在哪里上。高考无疑是重要的。想要取得好成绩，需要先从对待高考的态度上开始。从一开始的"感觉还很早"，到后面陆续参加了学考，再到参加第一次选考，一步一步能够清楚地看到高考越来越近，我也越来越明白面对不够理想的成绩自己需要做出改变。

高中时身边优秀的同学特别多，从他们身上，我学到了很多，包括他们的学习方法、时间上的安排等，有问题也会互相探讨。在这样的环境里，所有人都会一起进步。虽然最后要一起走上考场，这似乎是竞争关系，但是平日的学习中一定要互帮互助。在整个班的学习氛围影响下，大家都很努力。

另外，高中时的自习课也很多，这就给了学生相当多的时间自行安排，这时候一个好的计划就尤为重要。好的计划需要针对自己的目标来制订。有目标才有动力，既要有大目标也要有小目标，大到希望去哪所大学，小到一次考试考几分。好的计划还需要有针对性，要学会把时间花在刀刃上，看到自己在哪一门科目上花时间可以提升得最快。

还有一点就是要学会总结归纳。很多人可能在一轮一轮的复习和模拟中迷失了，或是越来越焦虑。希望有一个好的结果必须要学会审视自己，看看自己最近有没有进步、有没有知识漏洞、在不在状态。发现问题并不可怕，查漏补缺、及时调整才是关键。

还有诸多的感悟体会限于篇幅便不再展开。最后，真诚地希望能够对读到此处的学生和家长有所帮助！

钱梦昊

目 录

第三章　花香春满园

花香春满园

第四章　家和万事兴

家和万事兴

附录　家信选录——鸿雁传情

第一章

凡事德为先

孝敬教育——从娃抓起

1999年8月的一天，儿子在我们的期盼中呱呱坠地。我们夫妻俩初为父母，真是喜笑颜开，整天乐呵呵！儿子的到来，无疑给我们这个小家庭带来了喜气和希望。我摸摸他的小手，软软的，左看看右看看，兴奋地说："儿子长得像我，耶！""儿子是我十月怀胎生出来的，当然长得像我。"爱人得意地说。其实呢，还在襁褓里的孩子，长得像谁，哪看得出啊！

据说胎教挺管用的，听音乐会让人聪明。于是在儿子出生之前，我俩就学着人家做胎教，特地去店里买了个复读机，还有几盒磁带。拿回家后，我就贴近爱人的肚皮，播放一些柔和优美的抒情歌曲。至于胎教是否有用，我们也将信将疑，但宁可信其有，不可信其无，不能让孩子输在起跑线上呀！其实孩子未出世，哪来的起跑线啊！但是中国的父母就是伟大，一切为了孩子，为了孩子的一切。没办法，我们俩也不可能免俗。孩子一出生，就给他从头规划到脚，从小规划到老，加入鸡血爸妈的行列。

从幼儿园开始，我就给他讲《黄香暖席》《孔融让梨》等孝敬故事，希望儿子也像他们那样学会孝敬，孝敬父母、孝敬老人、回报社会。每当家里有亲朋好友来的时候，我们总是注意着儿子有没有叫人，叫得响不响，叫得对不对，直至客人离开才放下心来。还好，儿子虽然内向，但这次总算没有出丑，下次要继续努力哦！

中国有句俗话：言传不如身教，身教不如境教。逢年过节，我们总是带着儿子一起去乡下看望爷爷、奶奶、外公、外婆。我们准备好压岁钱，带上老人家喜欢的东西，叫儿子去送。每次听到他们的表扬，看到他们的笑容，儿子就特有成就感，这样就使他幼小的心灵有所触动，所以当他有能力孝敬长辈的时候，他就会毫不犹豫地想着他们、报答他们。记得他上初一时，获得了一等奖学金，钱一打到我的银行卡上，他就高兴地跟我们说："今年过年给长辈的压岁钱，用我的吧，我负责给！卡上剩下的钱，妈妈替我保管着！"我们感到特别欣慰。除了逢年过节给老人送东西送红包外，我们总是千方百计地营造一些有利于孩子成长的家庭氛围。

2017年高考过后的那个暑假，正逢他18周岁生日，我们就特地邀请两边的老人到我们家来，边吃边回忆儿子小时候爷爷奶奶外公外婆付出的艰辛。儿子把暑假里打工挣来的钱给每位老人送了红包。奶奶不肯要，儿子说："我小时候您带我很辛苦的，希望你长命百岁，以后我挣钱了再给您买好吃的。"说得奶奶感动得都红了眼睛。他们一个个笑得合不拢嘴，觉得这个孙子（外孙）真有出息，一回到乡下逢人便夸。我们给儿子写了一封热情洋溢的信。他妈妈把他从小至今的照片收集了起来，送给他，午饭后全家人一起欣赏这些照片做成的PPT，回忆曾经的一幕幕。这样温馨的场面，既培养了儿子的感恩之心，也激发了我们自己对老人的尊敬之情，何乐而不为呢？

临上大学，儿子还特地给我俩各买了一双品牌运动鞋，像个大人似的叮嘱我们：老爸老妈，穿着这双鞋，在家好好锻炼，好好学习！他说不学习要被这个世界淘汰的。这双鞋我足足穿了五年，已经破了、补了，但我还舍不得扔，那可是儿子的一片孝心啊，我怎能轻易抛弃呢？儿子的孝心在一言一行、点点滴滴的小事中体现，因为有了亲身经历和感受，他小小年纪就写了很多文章。一年级时去外婆家吃饭，外公少拿了一个碗出来，也就有了儿子笔下的《让碗》，此文发表在《小学生阅读报》上，其中结尾是这样写的："孝敬长辈，真的很快乐！"去超市回来，就有了他的另一篇《叔叔，我愿做你的右手》获发表，他在文中写道："我马上跑过去，弯下腰，把这两包方便面一包一包捡起来，踮起脚，把它们放回原处。这时爸爸妈妈正笑眯眯地看着我，夸我真懂事。"小小年纪就有此善举，我俩感到甚是欣慰。

　　俗话说得好，有付出就有回报。是啊，在小学时候，儿子便被光荣地评为校"十佳孝星"。

榜样教育——学有目标

"榜样是看得见的哲理",榜样的力量是无穷的。一个令人信服的榜样,胜过费尽口舌的说教;一次以身作则的示范,强过生硬刻板的命令。

孩子身边的榜样,从我们父母做起。孩子是家长的一面镜子,家庭是孩子的第一影响源。言教不如身教,孩子就是大人的一张名片。凡是要求孩子做到的,我们做父母的首先要做到。这方面我俩自认为还是做得不错的。比如,今天老人到我家来了,我们俩肯定是把最好的给我们父母。儿子也跟着做得起劲,伸出他稚嫩的小手替老人拿水果、夹菜,还把自己最喜欢吃的巧克力分给他们吃。我们真是看在眼里,乐在心里,心想:三岁看到老,看来到我们老的时候,儿子也会有这份孝心的。

为了培养儿子坚强的意志和非凡的毅力,我在书店千挑万选,看中了《西点男孩》这本书并把它买了回来。里面是一个个励志故事,我们全家人一起看,看好后一起交流,说说书中哪个人物自己印象最深,为什么。你一言我一语,一家人都很有收获。儿子在学习了这些榜样人物后,显然深受启发,变得更有毅力了,以至于后来参加长跑比赛,不怕困难,凭着顽强的毅力跑到了终点,还获得了冠军。谁能想到这是一个小时候体质特别弱的孩子呢？为了增强他的体质，我们让他在幼儿园大班时开始学习竹笛，上了小学后每天早上跟着校体训队的哥哥姐姐一起锻炼；节假日，我们从不睡懒觉，起得比平时上学还早，不是去公园，就是去学校操场锻炼，跑步、快走、打球，也结识了很多的朋友。小学四年级，他在校运会上获得了400米的冠军，初中时获得了1500米的冠军，到高中时体育老师建议他参加训练，可以评国家二级运动员，还可以考体校！

从小我就给他讲科学家的故事，比如钱学森、钱三强，他们小小年纪便远涉重洋，到美国学习知识，追求真理。儿子听得眼睛滴溜溜转，脑袋摇得像拨浪鼓，表示长大后也要去美国留学，学成后像他们那样报效祖国。我会不失时机地说：那边有世界上最著名的大学，美国的哈佛、麻省，英国的剑桥、牛津，到时候爸爸妈妈希望你也远涉重洋，学成归国，为我们亲爱的祖国贡献自己的青春。

儿子的确从小有远大的志向。记得当年平湖电视台的《欢乐正前方》节目组进行了"十大宝贝"的评选，他从环保理念出发，在我们的配合下，用绿色的美术纸、环保袋一起设计了一套环保服，穿在身上别具一格。由于他皮肤黝黑，头发天然卷曲，我同事说他长得像美国前总统奥巴马，于是他就在这次节目中扮演了一个关心人类环境的奥巴马。从此，人家就叫他奥巴马，他也以这个称呼为荣，每天激励着自己前行！你看，榜样的力量确实是无穷的。

行为习惯——贵在坚持

英国作家萨克雷说过：播种行为，收获习惯；播种习惯，收获性格；播种性格，收获命运。这话一点不错，习惯是人生的奠基，是美德的源泉。所以有人认为培养孩子的良好习惯是家庭教育的重点，也是素质教育的突破口。让孩子养成良好的习惯，让孩子拥有一个健全的人格，就给了孩子一个幸福的人生。我还要强调的是，这里所说的行为习惯，绝不仅仅是学习方面的，也包括了做人的行为习惯。

我常对朋友或家长说："孩子读小学时，最重要的就是要养成好习惯。"我现在依然坚持这个观点。我们从小就重视孩子的习惯培养，这种培养需要某种程度的强迫性训练，但更多的还是和孩子商量制定一些规矩，然后用孩子乐意接受的规定严格要求孩子。

这里我强调了"和孩子商量"，因为在我看来，孩子虽小，家长也应该尊重孩子，哪怕是正确合理的要求，也应该尽可能让孩子理解，并且心甘情愿地接受。只有建立在孩子理解基础上的要求，才能真正变成孩子的行动。这种在理解基础上建立的规矩，既是科学的，也是民主的，因而不会妨碍孩子学习的兴趣和快乐感，也更为持续有效。

在儿子读一年级的时候，我们就和他一起制定过学习和生活方面的常规，并按照这个常规实行，每周进行考核，按奖惩条例严格执行，持之以恒，从不松懈，为好习惯的养成打下了扎实的基础。

我们培养儿子的行为习惯主要从以下几个方面做起。

一、提高认识，引导孩子对养成某个良好习惯感兴趣

研究结果表明：儿童时期最好的教育莫过于养成良好的习惯。古人云：坏习惯毁掉一个人，好习惯成就一个人。大家知道，2017年是我们浙江高考改革第一年，要填80个志愿，有些考生和家长一看这么多就稀里糊涂乱填一通，结果有几个考生吃了大亏，贻害终生。他们把同济大学和同济大学嘉兴校区混为一谈，所以虽然高考成绩远远超过一本线，最终却被只有三本的作为独立学院的同济大学嘉兴校区录取了。这件让人感慨的事情告诫我们，每个人都需要养成仔细确认的习惯，否则就会功亏一篑。

再让我们来欣赏另一个故事：大学生罗明到一家跨国集团应聘，应聘者很多。罗明幸运地通过了初试。复试阶段开始了，出来的应试者，都说问的题很简单，但都没有被录取。轮到罗明了，他整整衣袖，自信地走了进去，看见干净的地面上很不协调地扔着一团废纸，平时养成的习惯促使罗明走上前拾起了纸团。招聘人员对他说："展开纸团。"罗明展开纸团，看到纸上赫然写着几个大字：祝贺你，你被录取啦！原来这是一个被特意安排的试题，意外吗？其实习惯是在生活中逐渐养成的，一个不经意的动作，就可以看出你的品德修养、人生态度。所

以好的习惯会给你带来更多成功的机会，坏的习惯往往使你在不知不觉中走向失败。

在培养儿子的过程中，我们会给他讲上面这样的故事，让他在故事中明理，从而规范自己的言行，养成良好的习惯。

有人会问，习惯到底是什么呢？习惯就是习以为常的行为，是一种稳定的自动化的行为，是经过反复练习而养成的一种语言、行为、思维等生活方式，它是人们头脑中所建立起来的一系列的条件反射。

二、明确规范，让孩子对养成某个良好习惯有清晰的标准

我曾看到过这样一则事例：一位调皮的学生在课堂上把任课老师惹生气了，下课后全班同学都埋怨他。这个小男孩也很懊恼，回家后就把这件事告诉了自己的妈妈。妈妈听了之后，对他说："知错就改还是好孩子嘛，那你决定如何处理这件事呢？"小男孩说："我去给老师赔礼道歉，再给老师鞠个躬。"妈妈说："鞠躬很好，会让对方知道你很有诚意。可是你会鞠躬吗？试一下让我看看。"小男孩直挺挺地点了一下头。妈妈摇摇头说："这不是鞠躬，是点头，点头道歉缺乏诚意。"于是这位妈妈给孩子演示了怎么鞠躬，并让孩子练习了几次，才让他第二天去给任课老师道歉。这位妈妈教育孩子很有耐心，也很细心，因为只有细致入微地指导，才能培养出真正的好习惯，甚至可以说，没有细节的指导，就没有儿童教育。

所以当儿子犯错时，我们就会和他一起分析整件事情的来龙去脉、导致错误的原因，从细节入手，一定要让他清清楚楚地知道自己错在什么地方，如何纠正错误，明晰好习惯的标准。

三、立足榜样，让孩子对养成某个良好习惯备感亲切而向往

我们从小就对儿子讲《百里负米》《怀橘遗亲》等感恩故事，每逢过节总是跟孩子一起孝敬老人，所以孩子特别富有爱心并热心公益活动。

小学时有一次去安徽歙县捐赠演出，前一天正好被摩托车的排气管烫伤了小腿，可他坚持挽起裤管，背着慰问品一瘸一拐地在崎岖的山路上走着，为安徽山区的小朋友们慰问演出。晚上有三个小朋友出去买啤酒喝，但我儿子坚决不参与，为此电视台的同志还采访了我们。我们还从小给他讲钱学森等人很小就去美国留学的故事，以让他早早树立远大志向。儿童时代就是榜样时代和偶像时代。我儿子特别喜欢篮球明星和歌星，对乔丹更是崇拜得五体投地，于是我们就跟他一起收集乔丹的资料，他买来的《乔丹传》，我们也看，这让儿子对我们刮目相看，自然亲近了起来。我们发现只要与儿子谈乔丹，儿子就心服口服，因为他对这个偶像有认同感、亲切感，我们就不失时机地引导他探究乔丹成功的原因、背后所付出的艰辛，并将其转化为他对文化课学习的动力。

所以，我们家长可以选择一些孩子喜爱的榜样，也可以选择优秀的伙伴，开展榜样教育，只要发现他们的某些好习惯，都会对孩子产生巨大的影响力。

四、坚持不懈，让孩子养成某个良好习惯由被动到主动再到自动

心理实验研究表明：一种行为重复21天就会变成习惯动作，

而90天的重复会形成稳定的习惯，当然不同的行为习惯形成的时间也不相同，总之是坚持的时间越长，习惯越牢固。举个例子，孩子洗手，你就得给他训练，不洗手就不能吃东西。"洗手了吗？"你老问孩子，还老看着孩子，孩子慢慢就习惯了，养成了习惯就成了稳定的自动化的行为。再比如做回家作业，有的家长规定，一回家就做回家作业，不做好不准出去玩，久而久之孩子也就养成了习惯。孩子的习惯养成有一个由被动到主动再到自动的过程，因此要坚持训练。比如我儿子幼儿园大班时开始学习吹竹笛，吹着玩玩还好，但老师布置任务后就有点不乐意了。他奶奶看着心疼，一直说，这么小的孩子连手指都摁不满笛子孔，还要用这么大的力气吹，要伤身体的，吹起来人都养不大的。于是在孙子学笛子的时候，我们就叫她出去走走，免得再心疼，动摇孩子学笛子的决心。在我们的坚持下，儿子的笛子水平进步很快，后来就慢慢喜欢上笛子了，小学里连续两年在阳光少年比赛中夺冠，其实习惯就是这样慢慢地培养出来的。

记得儿子6个月时，他奶奶不习惯住在城里，执意要回乡下，没办法我们要上班没时间照顾孩子，就由奶奶带去乡下照看。于是我们就每个周末和节假日去乡下看他，爷爷奶奶毕竟对孙子宠爱有加，周围的环境也不好，看到他慢慢有了各种不良习惯，我们立即决定自己带孩子。虽然很辛苦，但可以根据我们的理念培养儿子，所以儿子无论在生活上还是学习上，都慢慢养成了良好的习惯。

五、及时评估和奖惩，让孩子在成功的体验中养成良好习惯

孩子经常管不住自己，笼统的要求对他们难以起作用，因

第一章　凡事德为先

此父母要把大计划分割成许多小计划，并不断地与孩子一起总结评估，这样孩子每天都会知道自己是否进步了，并期待着明天的进步。

有一个妈妈，她儿子上五年级时写作业磨蹭。有一天妈妈下功夫观察，发现孩子写一个小时的作业站起来七回，一回看看冰箱有什么好吃的，一回打开电视看看动画片开始了没有，不到十分钟站一回转两圈，这样做作业能专心吗？于是妈妈和儿子达成母子协议：写一个小时的作业站起来不应超过三回，并用他喜欢的动画片作为奖励，做不到就不能看电视。结果，孩子就这样慢慢地改变啦，一想到一小时只能站起来三回，就会慢慢地控制，并用争取晚上看动画片来激励自己。经过三个月的训练，这个孩子终于养成了专心写作业的好习惯。

在培养儿子习惯时我们用加减法，也就是说，培养好习惯用加法，纠正坏习惯用减法。千方百计让儿子好的行为不断地出现，次数越多，好习惯越牢固；用递减法减去孩子的不良习惯，就是说他的坏习惯比原来减少，每天进步一点点，就可以奖励他，直到成功。

六、创设良好的家庭氛围，使它成为孩子养成好习惯的支持力量

古时就有孟母三迁的故事，说明环境的力量很大，培养孩子养成好习惯一定要注意家庭氛围，比如当孩子在学习的时候，父母千万别看电视或玩游戏。有的家长一边在孩子面前玩游戏，一边对孩子说：儿子，你好好学习，将来考清华北大。试想在这种环境中学习，能考上吗？

在儿子小时候，我们只有在他睡觉关上自己房门后，才打开电视，而且音量开小。他做作业的时候，我们也总是陪他看书或自己备课，绝不影响他学习。其实习惯培养的过程是两代人互相学习、共同成长的过程。有些习惯形成，孩子比大人早，像环保、交通安全意识，我们就要向孩子学习。我们和孩子出去时，孩子总是提醒我们注意公共卫生，遵守交通规则，有时被儿子说得自己也觉得脸红，所以慢慢地也从儿子身上学到了不少好习惯。比如：在室外吃剩的香蕉皮、牛奶盒，用过的餐巾纸，他没找到垃圾桶一定会拿在手里带回家，绝对不会往大街上或哪个角落一扔了事；汽车在行驶时，突然发现前窗玻璃脏了，我们随手一摁开关，直接喷水，不管旁边有没有人经过，这可把坐在车里的他急坏了：不可以这样的，这样做很容易把水喷到路人的。我们真是自惭形秽啊，在教孩子的同时，孩子也教育了我们。

孙子摔倒——奶奶吓坏

儿子6个月后，我母亲在城里已经待不住了，我们又要上班，只能让她把儿子带去乡下，由我父母一起照看。说实话，带小孩看似简单，实则责任重大，如果碰到斤斤计较的父母，那么就会吵个不停，好在我们俩都是比较宽容大度的，只是叮嘱说，小孩子摔大的，免不了磕磕碰碰，只要不出大事就行。看着善解人意的儿媳妇和儿子，母亲欣慰地笑了，父亲也憨厚地笑了。

可是带小孩是场马拉松，不是一天两天能解决的，因此其中也发生过一些心惊胆战的事。有一次，趁儿子在床上熟睡之际，我母亲偷偷地溜出去洗了件衣服。衣服刚洗了一半，只听到房间里"嘭"的一声，吓得我母亲连忙扔掉衣服跑进房间，看到我儿子从床上摔到了地上，而地面是水泥浇筑的，摔下来后，我儿子哇哇直哭。母亲站在旁边吓坏了，连忙把孙子抱了起来，左看右看，发现后脑勺有个包，心想，完了，这下完了，明天儿子和儿媳就来乡下看孙子了，每周一次，雷打不动，这可怎么办啊？对，只有瞒天过海了，反正在头上，头发遮住了，再戴个帽子，一般人看不出来。

等到第二天我们到乡下看儿子，母亲怕我们生气，没有把摔跤的事情说出来，更没有把儿子头上摔出包的事情提起过。这件事，几年之后才由母亲对我说起。其实我们知道了，也不会怪母亲的。母亲帮我们带小孩完全是义务的、自愿的，我们还有什么理由责怪她呢？她辛辛苦苦把我们兄弟三个拉扯大，实属不易。在那个物资匮乏的年代里，母亲东借西挪供我读书，每次回来又鞍前马后地"服侍"我。可以这么说，如果没有母亲当年悉心培养，就不可能有今日的我。都说母爱似水，是啊，她细水长流，每时每刻都在陪伴你、呵护你。怪不得有首歌叫《世上只有妈妈好》：有妈的孩子像块宝，没妈的孩子像根草。每当听到这首歌颂伟大母爱的歌，我就会肃然起敬、百感交集。明年是母亲的八十大寿，我一定带领小辈们给她好好过个生日，谢谢她为我们这个家庭做出的牺牲。

咬伤爷爷——溺爱惹祸

在乡下时，奶奶一个人忙不过来，就由爷爷带儿子。爷爷太憨厚，总是嘿嘿地笑。儿子就骑在爷爷肩膀上，一会儿玩他的胡子，一会儿刮他的鼻子。最厉害的一次，索性在爷爷的肩膀上咬了一口。爷爷一边喊疼，一边说："孙子真厉害！"

你看，这就是典型的中国式教育——溺爱。溺爱造成的后果不堪设想，轻则影响一个人性格的形成，重则危害整个社会。据说马加爵杀人就是因为父母从小宠爱造成的。网上还流传着这么一个故事：有一个罪犯，从小就"聪明伶俐"：发现地上有一枚硬币，会悄悄踩住，趁人不注意再捡起来；去粮油店没钱买油，会偷偷用一团棉花浸到油桶里偷油。他做这些事情的时候，他妈妈从来不制止，反而夸奖他能干。就这样，这个罪犯一天天长大，胆子也越来越大，从小偷小摸发展到杀人越货，成为官府通缉的江洋大盗。一次失手被抓到之后，判了斩立决，临刑要求吃母亲一口奶。在吃奶时，他一口将母亲的奶头咬掉，并恶狠狠地对妈妈说："我恨你！当初要是你阻止我，我就不会成为坏人了！"

是啊，我们有时也说，小时偷针，大时偷金，一个人的品德行为从小就放任自流的话，那他长大以后的危害就更大。20世纪90年代的山林华被害案就是典型的事例，凶手卢刚下那么大的狠手，把培养他多年的教授、同事、学校领导都杀了，真是丧心病狂。你说，这种事情的发生怪谁呢？只能怪他的父母对他从小管教不严，特别是只重视学习，而忽视了思想教育，因而使他的世界观、人生观出现了偏差，养成极端自私的行为习惯——人人为我，可我不为人；谁挡了我的路，我就要除掉他。所以，对于孩子的培养，我们一定要从幼儿开始，使他养成良好的行为习惯，树立正确的人生观、价值观、世界观。

借尺之举——先人后己

自从儿子上了幼儿园，那真是越来越懂事。吃饭时，他总是早早洗好手端端正正坐好，听从老师安排；每当过红绿灯时，儿子总是牵着我们的手，红灯一秒都不会抢，严格遵守交通规则；每当路上碰到同学或熟悉的人，儿子总是老远就会打招呼；楼下水果店的老板娘看他可爱，要送给他水果吃，他说妈妈会买给他吃，避之唯恐不及，宁愿选择换一条路去学校。这一切我俩真是看在眼里，喜在心里，平时对他的循循善诱终于变成了今天的满意结果，能不令人开心吗？高兴的事还在后面呢。

有一次，学校选拔了几个学生参加市里的"头脑风暴"比赛，当时坐在他前面的队友，由于早上走得匆忙，没带长尺，但这次比赛用上长尺才会有更好的成绩，那位同学急得满头大汗。我儿子看他挠头抓耳的，知道他有事，就问他怎么啦。他说忘带长尺了，比赛的时间快到了，这可怎么办呢？儿子二话没说，马上把他妈妈给他买的新长尺借给了那位同学。那位同学真是感激涕零，儿子却由于没有尺，只能边徒手做，边等那位同学做好还给他再进行下一步操作。等那位同学把尺还给儿子时，比赛时间已所剩不多。比赛结果出来，那位同学得了三等奖，而我儿子却没有得奖。这件事对我触动很大。在我们日复一日的教育中，儿子的思想境界提高了很多，甚至超出了我们大人，所以当得知儿子没有获奖的结果后，我们两个虽有些许遗憾，但更多的是欣慰，为儿子的高尚品质而喝彩、折服。特别是在当今这个"人人为我"的不良风气弥漫之时，能出淤泥而不染，真的是难能可贵啊！

歙县之行——爱满天下

儿子小学五年级的暑假，平湖电视台的东哥问我们想不想参加一个活动。我问是什么活动，他说是电视台、青少年宫、少工委联合发起的一个支援贫困山区的爱心活动。我说："很好呀，这正可以让他走出去看看山区的孩子，感受一下山区小朋友学习的艰难和生活的不易，锻炼他的毅力，培养他的爱心。多好的一件事啊！"我随即答应。可是有时关键时刻总是要掉链子。在接儿子学笛子回来的路上，他坐在我摩托车后座上，下来时，他的右小腿一不小心被摩托车的排气管给灼伤了。你想，35℃的高温加上排气管的温度，不把人烤焦已经很不错了。我连忙送他去医院处理。医生看着也心疼，反复叮嘱：这几天要好好休息，不要乱走，伤口更不要碰水。真是天有不测风云，人有旦夕祸福啊！我一边骑着摩托车把儿子带回家，一边陷入了深深的自责中。唉，事已至此有什么办法呢？儿子这次的安徽歙县之行看来是去不了了。到家后，我们征求儿子的意见，他攥着小拳头坚定地说："去！"看着儿子坚强的表情，我和爱人都感动得流下了眼泪，这泪中既有对儿子的心疼，更有对儿子的钦佩。既然决定去了，那我们就好好准备。这一次活动有两个环节，先是捐助，后是慰问演出。我们一家人分头行动，准备捐助物资，我建议他把家里的电子琴捐出去，他说不方便带，最后带了一些图书和一支竹笛，背上背包出发了。看着他小小年纪背着那么多东西，伤口还没好，只能卷着裤管，一瘸一拐地走上汽车，爱人的眼泪情不自禁地流了下来，靠在我肩上轻轻地说："我怕儿子吃不消。""没事的，咱儿子是铁打的，你就等着他凯旋的好消息吧！"我安慰着，心里也是万分不舍。

那时不像现在这样网络发达，可以微信或视频，他出门三天没有一个电话，信息全无。三天的安徽歙县之行我俩就在焦虑和期盼中度过。三天后看着儿子蹦蹦跳跳从车上下来的样子，就知道他不虚此行，收获满满。果然，在回家的路上，儿子就迫不及待地把这三天发生的事原原本本地向我们诉说。最令我印象深刻的一件事是喝啤酒事件。据说那天晚上四个小孩待在房间里感到太无聊，就出去买了几瓶啤酒喝。我儿子坚决不喝，其他三个小孩都喝了，难得爸爸妈妈不在身边，没人管，这个时候自律与否就显露无遗。其他三个小孩喝好之后有点兴奋又去马路上逛，只有我儿子没去。我想这得需要多大的毅力和勇气呀，敢于在别人面前说"不"，这种精神连我们大人都自叹不如，一个十多岁的小孩却做到了。这不是奇迹是什么？得知此事后，平湖电视台还专门邀请我去做节目，让我谈谈儿子这次歙县之行表现如此优秀，作为家长平时是怎么教育孩子的，让我备感自豪。

心理疏导——讲究策略

一个健全的心态，比一百种智慧都更有力量。

——英国作家狄更斯

当你驱车来到十字路口，恰好红灯亮了，你可能会感到自己非常倒霉，但如果这样想——绿灯亮时，我第一个先走，你的心态就平和了。再如：桌上有半瓶酒，乐观者见了说："还有半瓶酒呢！"悲观者见了则会说："只有半瓶酒了。"

实际上我们无法选择生活中遇到的每一件事，我们无法控制千军万马过独木桥的教育事实，无法选择父母、老师，甚至无法选择生存的环境，但我们完全可以选择自己的心态。当选择了一个积极的心态，那么许多事就会出现自己意想不到的变化。

跳舞事件——循循善诱

小学二年级时，学校准备排练一个舞蹈节目参加市里比赛，男女搭配，儿子竟然被选上了。但儿子固执地认为跳舞是女孩子的事，男孩子跳舞很丑，虽然在学校里答应了老师，但回来后躲在被窝里偷偷地哭。爱人见了，感觉大事不妙，这样有情绪怎么跳得好呢？弄不好，要拖学校后腿的。于是我们放下手中的活，耐心地进行劝导，告诉他，跳舞是我们中华民族的优良文化，少数民族的男子都是穿着裙子跳的，心里不要有顾忌。你被选上了，说明你优秀，你可以跳好，更何况还有几个男同学也去，他们行，你也一定能行！其他同学如果笑话你，那是由于他们无知，你要从大局出发，作为班长，更要为老师和同学着想。儿子后来终于想通了，高高兴兴地去参加排练了，而且真的跳得非常好，他们的舞蹈还得了金奖呢！

天天电话——嘘寒问暖

初中时，儿子就读于宁波蛟川书院。蛟川书院离我平湖的家有143公里，孩子还小，我不放心，所以每天我们互通电话，从未断过。儿子初中三年都住在学校，从晚自修结束到寝室熄灯不到半小时，而每个同学都想打电话，所以平均到每人身上也只有两三分钟的时间，再多的事情也只能快速讲完。为了解决这个难题，我们在打电话前商量了一下，事先准备一本小本子，把要说的事情写下来，放在电话机旁，先主后次，实在来不及，次要的就不讲了。

记得我丈母娘突然生病，在医院抢救室抢救那天，儿子打来电话，我躲到自己的车里去接，他外婆生病抢救的事没告诉他，因为他胆小，怕影响他学习。每天打电话的内容，其实也是大同小异，无非是衣食住行，最后就是叮嘱好好学习。但教育无小事，正是由于千千万万的小事，成就了他们今后的伟大事业。

高中以后，打电话的任务更重了。为什么呢？初中住集体宿舍，可以互相提醒，但高中是租房的，一个人住，没人叫他，怎么办呢？还是那句话，办法总比困难多。于是我们约定：每天一个电话、两条短信，晚上回家了打一个电话，简单把今天发生的事讲一下，然后洗一洗，再做功课，临睡发一条短信，使我们知道他要睡了。功课做过头了会影响第二天学习，所以是不允许的。早上起床发一条短信，在规定的时间内，如果我们没有接到短信，就会马上打去电话，电话不接，马上叫隔壁阿婆去敲门，看一下他起来了没有，这样层层设卡，保证他不会迟到。

但再好的计划有时也跟不上变化。有一次，他起床后因为昨晚的一道竞赛题还没完成，就做了起来，结果做完才发现时间不对了，到学校迟到了。班主任陈老师可不是吃素的，马上给我打电话。我好说歹说把陈老师糊弄了过去，说以后坚决不迟到。后来我又请邻居阿婆帮忙，还在她那里留了一个钥匙，每天早上到时间去敲个门，没反应的话，就开门进去，绝不客气。从这以后，儿子再也没迟到过。

是呀，一个孩子，要求他不出差错，那也太苛刻了，几乎不近人情，但事实就是这么残酷，今天我迁就你，明天谁来迁就你呢？舍不得儿子套不到狼。这得感谢老师，如果当初老师不这么严厉，或许儿子还会迟到，还会犯其他的错误，所以老师严厉的背后，都藏着对孩子的爱与期待。我们家长所要做的就是多一些倾听、多一些理解，用心陪伴，给孩子足够的信心，让孩子觉得自己今天所有的付出都是值得的。

买鞋风波——疏导有方

俗话说：爱美之心，人皆有之。初中时，儿子就读的宁波蛟川书院是一所民办学校，学生家里条件普遍较好，所以在去之前我们就跟儿子打了招呼：到蛟川书院，我们是去读书的，比成绩可以，但比生活水平是绝对不行，因为我们是去吃苦的，不是去享受的。儿子满口答应，可一天到晚都接触这些一身名牌的孩子，免不了也会动心。有一次儿子回到家里说要买一双球鞋。以往他的球鞋都是我爱人在淘宝上买的，但儿子这次有点反常，非要去实体专卖店买不可。爱人死活不同意，说儿子学坏了，学会攀比了。母子两人闹得不可开交。这时我出场了，先批评他妈妈太小气，再说儿子太倔强，各打五十大板。然后我耐心开导他，帮他回忆我们去蛟川书院的初衷，我说，革命尚未成功，孩子仍需努力呀！实在不想读，还是回平湖读吧，明天我就去教育局联系。好说歹说，苦口婆心，总算把他劝明白了。当时儿子正值青春期、叛逆期，与家长作对也实属正常，这是他们成长特点使然，所以我们家长开导孩子的时候，一定要讲究技巧。我们是先两个人谈，要是谈崩了，那第三者再出来圆场，不然若僵持不下，很是尴尬。

师生误会——冰释前嫌

高中生自以为已经是大人了，自尊心非常强。有一次，儿子拿出数学竞赛题去问老师，被老师数落了一顿，大概题目是大学里的知识，所以说他好高骛远、不切实际。儿子被说得一头雾水，事后他发誓再也不听那位老师的数学课了。数学一直以来是他最喜欢的一门学科，这下事情大了，叫我怎么办呢？急得我像热锅上的蚂蚁团团转，但再转也没用呀！于是我只能负荆请罪、代儿受过，先在这位老师面前说我儿子的不足，跟他赔礼道歉，又在我儿子面前给他分析现状。我说："儿子，这位老师做得的确有点过分，可你不上课，损失的是你自己，再说你们学校今后的竞赛资源都在他手里，他以后如果不给你机会，你怎么办？还有自学竞赛要走很多的弯路，高中的时间又这么宝贵，所以损失最大的还是你。你想好了，我们辛辛苦苦漂江越海把你送到这儿来是干什么的？难道是叫你在这儿自学的吗？这样的话，还不如跟我回老家去，你自己看着办吧！"儿子毕竟长大了，懂事了，在利害面前他也弄得清楚了，于是一边继续上数学老师的课，一边把家里的电脑拿去放在出租房以便自学。我觉得凡是成绩优秀的同学，个性都很强，但如果你把他训得像只猫，磨得一点棱角都没了，没有一点个性，也就没有出息了。

儿子到初中时，青春期如期而至。都说青春期的孩子不好管，叛逆性强，的确，我的儿子也一样。记得初二下半学期时，他与班里的一位女同学走得比较近，有些同学和老师都误以为他们在谈恋爱。其实，哪个少男不多情，哪个少女不怀春。这个年纪表达一下对某个女同学的好感，在我看来再正常不过了。我是一个比较开明的家长，我说，即使两个人在谈恋爱，也没什么可怕的，只要把握好度，有何不可？中学生恋爱虽说早了一点，但成功的案例也是有的。君不见衡水中学的某君在高中谈恋爱，结果男生考取了清华，女生进了北航。所以当我得知儿子喜欢上某个女同学时，我表现得非常淡定。哪像我们20世纪80年代读书时，老师一听说学生谈恋爱，就如临大敌，把双方家长都叫来，左一个检讨，右一个保证，越是这样，越是效果差，结果双双落榜，毁了他们的美好前程。因此，我的观点是：中学生即使早恋，只要不影响学业也未尝不可，当然我绝不支持。

事后，我找儿子谈话，先肯定了他情商很高，至少要比他的父母高，然后，我说这小女孩长得很可爱、大气，家境好，学习好，所以你心里喜欢，那一点事也没有，但如果你真想跟她谈恋爱，甚至以后结婚，那性质就不同了。第一，你自己要有养家糊口的能力，第二，不能伤害人家那一颗纯洁的少女心，你做得到吗？所以是不是现在先把这件事暂时放一放，将来再说。儿子听后点头称是。最后我说，这件事情我既不反对也不支持，我相信你有能力处理好。

对学生早恋这类事情，我认为，只能疏不能堵，因为堵也没用，你表面上堵住了两个人，但你堵得住他们那朝思暮想的感情吗？

崇拜乔丹——志向远大

儿子从小喜欢打球，起先他也只是随便玩玩，但随着年龄的增长，耐力越来越好，球技越来越精，逐渐对这些国际巨星产生了兴趣。

有一次，他突然对我说："爸爸，我想要打球。"我吓了一大跳，好端端地在读书，怎么突然冒出这么一个想法，麻烦大了，赶紧灭火，不然不可收拾。我马上跟他谈话。他说，每个人的出路都是不同的，不是说只有读书一条路，而是条条大路通罗马。我哑口无言。是啊，成功的道路千千万，所以我们普通百姓要想成功，恐怕不只有读书一条路。我耐心地开导他，不是爸爸专制，而是你不了解外面的世界，就轻易下结论，未免太仓促、太冒险了。如果你认为打球这条路对你来说行得通，我大力支持，哪怕砸锅卖铁也供着你。你自己冷静地评估一下，到底走读书之路容易，还是走打球之路希望更大？他思考了一会儿，跟我说，当然读书的希望大。好，那就一言为定，咱们走读书的路吧。你是崇拜乔丹，但乔丹每天付出的艰辛比谁都多，所以，虽然取得成功的道路是多种多样的，但成功的前提只有一条，那就是顽强拼搏、勇往直前，付出比常人多的汗水。从那以后，儿子再也不提打球的事了，因为他已经长大，孰是孰非他能知道。如果简单粗暴地制止他打球，那结果可能还适得其反，所以要晓之以理，动之以情，使他回心转意，这样才能无怨无悔，向着既定目标前进。

自从儿子开始喜欢打球后，我和他约法三章，每天打球不能超过一小时，他也很守时，并且提出了7+1＞8的理论。事实证明，这样做效果很好，儿子不但锻炼了身体，还把失去的一小时也补了回来，因为打球后大大提高了学习效率，所以我们做任何事情都要讲究方法，不能硬碰硬。

拜访教授——触动灵魂

在镇海租房的时候，隔壁住着儿子的同班同学。早已耳闻他的父母都是浙师大的教授，母亲教英语，父亲教物理，那才是真正的高知家庭。

有一回周末，正好这位教授母亲在家，我们就去隔壁拜访她，想跟她学习学习。教授毕竟是教授，水平高，滔滔不绝讲了一大通，最后说了一句高深莫测的话，至今记忆犹新。她说："我叫我儿子记住，世界上凡是一把火烧得着的东西，就不值得你去追求。"我一时没转过弯来，回家一想，厉害！不愧为教授，境界就是比我们高。这样教子怎能不成功呢？我把这句话转达给儿子听，儿子听了也是目瞪口呆。我顺势说："儿子，你看人家到底是教授，说话的水平就是比我们普通人高出一大截，爸爸妈妈做她的学生都不够格。不过你跟我们不同，你和她儿子起步是相同的，所以我们要奋起追赶，超越自我，力争更优。"儿子听后频频点头。

自从那次拜访之后，我再也不敢进他们家的门了，因为这个门槛实在太高了，非一般人走的。虽然教授每次都是客客气气，但我一见到他们就自卑三分、无地自容，真是山外青山楼外楼，强中更有强中手啊！

在教授这么高大上的理念影响下，她的儿子想不成功都难。她儿子不仅物理一流，数学也很好，甚至比一般的竞赛生还好，房间里放着电脑，但从来不玩游戏，那是他从小养成的习惯。他是初中就开始自己租房了，后来提前考取了2+4。高二时，很快就被北大锁定了。优秀的都是别人家的孩子，而后他妈妈鼓励他报考托福，又顺利过关，所以我们戏称他家是牛棚，他最牛！

第二章

学业终有成

求学之路——艰难曲折

　　我和爱人的教育理念是孩子必须亲自带，因为孩子就像一张白纸，你想怎么画，他今后就会成为你所希望的样子。所以当儿子十八个月大的时候，我们就决定，不管工作有多忙，都自己带孩子。虽然养育孩子的过程很辛苦，其中的酸甜苦辣只有经历过才明白，但这样做有意义，非常值得。因为我们每时每刻都在朝我们设想的目标努力，看着他一天天健康成长，带给我们更多的是幸福与快乐。不像我们中国普遍的怪现象，总是希望老人帮忙带小孩，自己安心工作就好，这样一旦发现孩子有什么问题，再重视起来就来不及了。因为一个孩子的良好习惯需要长时期的培养，而毁掉一个孩子，那真的是分分秒秒的事，所以对孩子的培养，我们俩的意见有高度的统一性，那就是自己培养，不麻烦老人。事实证明，我们的这一套做法是非常有效的。

　　孩子三周岁上幼儿园，就在离家很近的实验幼儿园上的。幼儿园么，我认为主要是引导孩子适应集体生活，学会与同伴交往，增强孩子各种规则意识，养成良好的行为习惯和学习习惯；至于学习，我们对他没有过高的要求，他也学得很轻松。幼儿园时，学校开设了英语课，因为他是8月出生，幼儿园招生时就招到8月31日，所以他在班里几乎是年龄最小的，同班有的孩子比他大了近一岁。也许是年龄小，我也没有特意去教他识字，想想等上了一年级就会了。三年时间他晓得自己的英语老师叫"Miss Lu"，知道苹果叫"apple"、香蕉是"banana"，会读的字也不多，地摊上一元钱买来的绘本，没几天就撕成纸片了。

但我发现儿子走迷宫、学习趣味数学绝对是一流的。买来的迷宫书他最喜欢，在茶几上一个人可以玩半天，这条路走不通就换一条，一边走迷宫一边自言自语，像个小小探险家，成功了还不忘给自己鼓鼓掌；趣味数学，我买的都是手掌那么大小的书，上面有练习题、圈数字、画图等，内容丰富，适合幼儿园孩子学习。儿子每天自己独立完成一本对他来说小菜一碟，做完了就再跟我要，我经常跟他开玩笑说："儿子，你也太厉害了！妈妈买书都来不及了，你就省着点吧！"我惊奇地发现买来的迷宫书和趣味数学书，儿子没有撕成纸片，而且学过后都叠得整整齐齐的，即使翻久了，纸页掉了，儿子都用胶水把它贴好。看来兴趣真的是最好的老师！

儿子幼儿园时，我们以培养他的兴趣为主，报了竹笛、画画、葫芦丝、围棋、硬笔字、毛笔等，跟其他家长一样，希望他全面开花，可是带来的结果就是开不了花，所以我们召开家庭会议，商量决定进行调整，变成"小而精"，只给他报了竹笛和书法，其他统统"滚蛋"。事实证明，这一招的确效果好。他吹奏竹笛最终获得十级优秀，还多次下乡慰问演出，甚至去安徽歙县和山区的孩子联欢，演奏竹笛。看到儿子竹笛吹得不错，勤奋又努力，琴行的老师觉得他是个好苗子，建议我们去上海或者大城市拜师学艺。但我俩不想让他走艺术之路，因为我们觉得这条路不是我们一般老百姓走得通的，不适合我们。所以

第二章　学业终有成

竹笛学好之后又学了长笛，想让他今后去国外留学时也准备点资本。在平湖市青少年宫举办的阳光少年比赛中，他在竹笛比赛项目中两度夺冠；至于书法，学得也不赖，逢年过节，他都跟着老师去大型超市做公益活动，为顾客义务写春联，在平湖市比赛中，他硬笔书法和毛笔书法均获一等奖，还代表平湖参加嘉兴市的比赛；还有七巧板、画画、葫芦丝、长跑、篮球、奥数等方面都有不错的表现。他幼儿园大班时参加"七巧板创意活动"获得平湖市二等奖；奥数在"希望杯"比赛中，每年得奖，分别获全国一、二、三等奖；画画获过国际铜奖；篮球是天天必打，经常代表班级参加比赛。

自儿子上了家门口的实验小学，我们和他一起制订了家庭作息时间表，早上锻炼为主，晚上拓展为主，中间跟着学校按部就班，周末和节假日另外制订具体作息时间表，每周日晚上考核一次，根据所得积分获取相应奖励。

一般来说，儿子早上参加学校体训队训练，他妈妈在同一所学校上班。刚开始如果没有早督班，妈妈就会去看看儿子训练情况，鼓励鼓励，帮忙递瓶水，拿拿衣服，做做后勤。看到他很努力地训练，后来妈妈也就不去看他了，忙她自己班里的事了。据同学反映儿子体训时从不偷懒，是老师的乖学生，体育进步也很快。因为在校学习效率高，回家没几分钟就做好了作业，然后自己吹竹笛二十分钟，天天如此。吹笛子既学艺术又锻炼身体，还可以练肺活量哦，他高中时肺活量测试全班第一。刚学习竹笛的时候，报了青少年宫的基础班，老师还嫌他手指太小，摁不满笛孔，我说让他旁听好了。结果不出三个月，儿子学得比那些五六年级的大哥哥、大姐姐还要好，弄得笛子老师连说："稀奇了，搞不懂！"由于坚持不断地练习，他能在各级比赛中屡屡获奖。要是当初听从琴行老板的话，让他去大城市学习竹笛，我相信儿子在音乐的道路上也会有所成就的，只是一心不能二用，还是让他专心学习文化课吧！

至于儿子学奥数，那真是神啦！由于他妈妈是小学数学老师，小时候也是个数学天才，工作后还自学了高等数学、微积分等，竟然还通过了考试，是平湖第一个自考小学教育理科大专毕业的。结果天才妈又生了个天才儿。妈妈经常对儿子说："你看我怀你的时候，自学三门理科考了62、63、65分，总分190分，一次通过，你是不是在我肚子里和我一起学到了很多数学知识啊？"儿子遗传了妈妈的数学基因，对数学情有独钟。

幼儿园玩趣味数学，到小学一年级时，他妈妈系统地让他学奥数，起先还教教他，后来就给他一本书、一本数学本子、一支笔，让他自己看、自己学、自己做，不会就看答案解析，再不会就和妈妈讨论交流。学完一本书，妈妈再去给他准备一些配套的习题进行检测，看看他到底自己学得怎么样，进行查漏补缺。有时妈妈还把自己班里给学生做的思维题拿回来让他做，真是不做不知道，一做吓一跳，他有时竟然能把高年级的难题都做出来。这也给了儿子极大的信心，每做出一道奥数题就像翻越了一座山，特爽。

起先我们的培养计划是先语文后数学，因为小学前没有特意让儿子先学习生字，因此一年级第一学期他的识字任务比较重，学得还是有点吃力的，在班里没有明显优势，但第二学期开始就崭露头角了。他的作文在他语文名师的指导下，在身为语文教师的父亲的点拨下，从开始的观察、说话训练到完整地写作文，共发表了四十来篇。到四年级，他就以学习奥数为重点了，因为四年级开始我们已有让他去外地读书的意向，而要去外地好学校读书，就必须数学方面过硬。首先要进行资格筛选，如果没有获得足够的市级以上的证书，那是想都不用想，而数学的"希望杯""中环杯"等证书，几乎全国通用，儿子当初就是凭着一大堆的证书进入蛟川书院的；当然也要参加他们学校组织的笔试、面试。二千多人最后只录取了一百来个人，不说是百里挑一，也算是优中选优吧！

小升初时，我们一家迷惘过、纠结过。因为我们这儿最好的初中是稚川中学，其次是平湖中学，这是平湖大多数优等生的选择。儿子小学考试每次都是名列前茅，参加的"希望杯"比赛在全市是数一数二的。我还清楚地记得，当时其他同学在报考稚川中学填表登记小学五、六年级成绩时，在全市的期末统考中，五年级两个学期、六年级第一学期三门主课总分900分，儿子当时的总分是896分，共扣了4分，应该是没有人超越了，反正我知道实验小学最高分就是他了。

如果初中继续留在平湖读，进步的动力就会小很多，于是我决定让他到嘉兴一中去学习。正在这个时候，我校马书记对我说：嘉兴一中也挺远的，反正都不方便，还不如去镇海碰碰运气！我想，好呀，我也有这个想法，只是还没跨出这一步，今天竟然有人给我提了醒，那我何不尝试一下呢？于是托人打听。我办公室的沈老师对我说，镇海中学下面好像有个蛟川书院，是民办的，网上也可以报名，她有一个小姐妹的儿子也去考过。我一下子来了劲，像遇到了救星，这真是山重水复疑无路，柳暗花明又一村啊！看来天无绝人之路。于是马上与镇海那边联系，教导处老师说："只要你孩子足够优秀，我们都欢迎！"俗话说，耳听为虚，眼见为实，于是决定先去一趟考察一下再说，一是看看这所学校的教育教学质量到底怎样，二是为下次开车送考做准备。

说来不怕大家笑话，那时我俩驾照都还没考呢！于是高度近视的我和晕车超级厉害的他妈妈，为了儿子克服困难，硬着头皮一起报名学开车，终于在儿子上六年级前的那个暑假考取了驾照，买了一辆实用的小汽车。因为这辆汽车功劳大大的，性能也不错，所以至今一直用着，舍不得换。

当时得知我们福臻中学马校长的女儿就在镇海中学高中部就读，那次他正好送女儿上学去，于是我就厚着脸皮搭便车了，坐在车里边记路标，边向他女儿了解学校情况。一下车，我跟着马校长和他女儿进了学校后，在校园里参观了一遍。看到学校古色古香，那样美丽安静，周末很多老师在办公室办公，那样兢兢业业，学生有的在教室里自习着，有的在操场上打球，有的找老师请教问题，一切都是那么井然有序，更加坚定了让儿子报考的决心。当然要考这里，需千里挑一，全省的尖子生一大半集中在这里，比登天还难，但我有信心和决心，因为我相信：别人能办到，我的儿子也可以办到。不试一试怎么知道呢？

六年级时，备考开始了。我们把书法兴趣课停了，笛子老师要我们参加省里的比赛，需要加强训练，我们也放弃了。竹笛十级考完改学长笛，纯属娱乐，不当数，一门心思准备小升初，好在我们都是教师。当时我还在中学教书，所以对他的小学语文指导还是得心应手的。他妈妈是数学名师，当然也不甘落后，对他的奥数进行了一对一的辅导，我还请师大数学系的同学也帮忙参与，指点一下学习初中数学的方法。那年参加"中环杯"比赛，结果一出来，吓了教育局的同志一大跳，得了80分，全国第六。

从此一发不可收。到初中时，儿子很幸运地遇到了一位来自东北师大的刘老师，既是自己班的数学老师，又是学校数学竞赛A班的竞赛老师，师徒两个很合得来，就连兴趣爱好也相同。刘老师喜欢篮球，我儿子从那时起也迷上了篮球。儿子有数学方面的问题请教刘老师，他真的是有问必答。有时对我儿子提出的问题，刘老师还会和他爱人（镇海中学的一位数学老师）进行探讨，再耐心跟我儿子交流，真的是一位师德高尚、教学精湛的好老师。因此儿子在初二参加全国联赛时获得了全省第四名，在初三时竟然获得了全省第一名的好成绩。这些我将在后面再详细讲。

考创新班——优中选优

镇中每年要在录取的高一新生中再选出一个创新班，你想那么多学生，考到镇中已经很不容易了，再优中选优，选出这么一个班，这个概率有多大？简直是比中奖还难！

学校按照选拔考的成绩，结合初中时的竞赛成绩等，择优录取前四十六名（包含之前录取的"2+4"的九位同学），这样的录取方法还是比较科学的。我儿子虽然平时考试能排到班级前列，初中还得过一等奖学金，但心里还真没底，怎么办呢？在学校复习，当然不会偏，但效率太低。于是权衡利弊，我们一家人做出惊人的决定：请假回家，认真复习，目标考创新班。

回家训练，一是要有合适的资料，二是要有良好的环境。我爱人专门负责资料的收集，多渠道打听，还把网上考创新班的题目统统买下来，打印出来再筛选。白天复习的地点就选在我的办公室，因为那时我是学校的图书管理员，一个人负责，本身旁边就是书，还配备了电脑，比较适合学习，再说有人监督效率更高，一个人在家即使睡着了也没人管。

方案已定，付诸实施。我每天早上7点之前带儿子来到学校图书室，让他按计划进行复习，白天做试卷，晚上看书复习。经过十天时间的强化训练后，终于考上了难度堪比登天的创新班。

创新班由四十五位同学组成，只有一位同学是从镇海当地一所普通初中考过来的，我对她佩服得五体投地，因为普通学校就她一个女生考取了创新班。不过，如果知道了她的学习故事，你就不足为奇了。她在学习上才叫分秒必争，中饭、晚饭都是家里人送到校门口，如果能进校，我估计每天会送到教室了。每天两个保温杯，中午提来一个，她拿进去吃好就开始刷题，等她吃完，其他同学有的还没买到午餐呢，这效率绝对高。吃晚餐的时间到了，她就把中午的保温杯拿到校门口跟家人再换一个装有晚餐的保温杯，拿进教室就可以吃了，吃饭时间就可以多做好几道题目。在儿子这个牛班里，除了她，大多数同学也都勤奋有加，回到出租房还会继续学习。运动会的时候，有人还在操场上做题目呢！你看，聪明不说，勤奋有余吧！爱因斯坦说过：天才是99%的汗水和1%的灵感得来的。

漫步甬江——抚今追昔

甬江，是宁波人的母亲河，孕育了一代又一代勤劳而伟大的宁波先贤。包玉刚、陈逸飞等宁波有名之士，就是从甬江出发，辗转上海和香港的。据说宁波能够成为计划单列市，包玉刚功不可没。

由于甬江离镇中只有一步之遥，所以儿子去学校之后，我们就到甬江边溜达溜达。到了那里，仿佛到了上海的黄浦江，来来往往的轮船汽笛长鸣，船上的人各自为生活而奔波着。正如南京长江边的一个老和尚所说，长江上来来往往的船，在他眼里只有两条：一条载着名，一条载着利。是啊，人们为了名利不得不忙碌，也为了名利，离乡背井。古往今来，无不如此。

于是，我又想起了一件事：高二时，同样是参加数学竞赛，有的孩子怎么不来上课呢？东问问西打听，最终数学老师才给我们一点提示。那你去问问他们吧！于是我们就去问了那位儿子已保送北大的家长，她轻轻告诉我们，好像有同学在上海的一位数学竞赛老师那里接受辅导，而且每周末都去上课的。一放假，我便带着儿子也马不停蹄地跟着他们跑到上海，结果人满为患，一百多人挤在一个教室里，儿子因为报名晚只能坐在教室最后面听课，真的是看不清老师黑板上写的，只能靠听，要用手机拍下来才看到一点。

你看，现代社会卷到什么程度了？一个班的同学，各防各的，即使知道信息也不告诉你，因为都是竞争对手，这样下去，即使今后读到博士又有什么用呢？20世纪90年代的张林华事件，复旦和清华学生的投毒事件，无不提醒我们，培养孩子要从小学会宽容大度，不能斤斤计较，不然就算这些人成了尖端人才，一旦他们的思想和动机不纯，迟早会毁了自己，害了别人。

公园散步——二胡声声

镇海中学的西南角，有个公园，人们都叫它人民公园。周末，儿子到学校自习去后，我们去菜场买菜总是要经过那里。一般来说，我们先在公园里走一个小时，再去菜场买菜烧中饭，时间刚刚好。公园里很热闹，有中老年人跳广场舞、交谊舞，有专门用三轮车载了音响来唱歌的，有打羽毛球的、跑步的，还有拉二胡的……

我从小喜欢二胡，但苦于家境贫困，无法学习。小的时候，我舅舅曾经给我做过一把原始的二胡，用毛竹筒、蛤蟆皮和线做的，勉强拉得响，只是轻一点。我拿着这把二胡在我家竹园里拉，隔壁老伯问我："广东、广西，拉得出么？"意思是笑我拉得真难听。我才不管呢！只要我觉得好玩就是了（玩什么呀？我们小时候根本没玩具可玩）。后来上了师专，真真切切地看到了一把真二胡，很高档，终于可以借来拉了，但不方便，因为学校人多，要影响其他同学，根本无法拉，有时只能跑到屋顶平台上拉一会儿，那时候能拉一些简单的歌曲。毕业了，二胡也就不能再借了。

工作后，我向黄老师借了把二胡，想空的时候拉一下，但由于工作忙，没过多久就还掉了。后来在我生日的时候，爱人特地在网上花了近一千五百元给我买了一把二胡，送给了我。这是真正意义上属于我的二胡，我非常珍惜，保存得很好，一直用到现在。前几天儿子说，下半年他的稿费应该还蛮多的，用他稿费给我换把高档次的，实现他小学时的承诺。我听了甭提有多高兴了，一是为儿子的懂事高兴，二是为现在的迅速发

第二章 学业终有成

037

展开心。你想，如果经济不发展，哪来的钱买二胡？下文是儿子四年级时写的《爸爸的二胡》。

爸爸的二胡

爸爸从小就喜欢二胡，但是一直到前几年才拥有了一把真正属于自己的二胡。在他拥有这把二胡之前却和另外三把二胡结缘，下面就让我分别说说这四把二胡吧！

爸爸的第一把二胡还是在他小时候，舅公给他做的。舅公知道爸爸喜欢二胡，那时候家里穷，又买不起，于是，就亲手做了一把。这把二胡啥模样呢？听爸爸说，琴筒是用毛竹做的，琴杆是用木条做的，弓则是用一根弯曲的小竹条和尼龙线做成的，弦是用两根白线做成的，发音用的蛇皮被一张拳头大小的癞蛤蟆皮给代替了。怎么样，没见过吧！

爸爸的第二把二胡是他上大学时在学校里借的，虽然挺高档的，可惜不是自己的。那时候，爸爸白天要读书，晚上才能拉，但爸爸怕影响人家休息，就在二胡上装了个消音器。有时，爸爸还抽空去群艺馆学习二胡，但由于学业繁忙，群艺馆的学习无奈取消了。每年放假，他总要拎着二胡到老家的竹林里去拉，开学的时候再把二胡带回学校，因为这把二胡是借的，所以爸爸读完大学就不能使用了。

第三把二胡，爸爸称它为"短命二胡"，因为这把二胡是他刚参加工作时跟同事借的，但最终因为工作压力比较大，没过多久就还掉了。

第四把才是爸爸真正拥有的二胡。那是几年前，爸爸生日时，妈妈送给爸爸的生日礼物，爸爸甭提有多高兴了。起先爸爸拉得很起劲，慢慢地由于工作疲劳，它也休息了。但最近爸爸生病，刚开好刀，待在家里休息没事干，于是又拿出二胡拉起来了。爸爸对二胡又着迷起来了，一拉就是几个小时。听，他又拉起来了！我吹笛子时，他要求与我合奏，虽然大部分合上了，但还是不够理想，因为爸爸的二胡第三把位拉不上去，再加上他好长时间不拉生疏了。

这时候，妈妈看着我意味深长地问："什么时候有第五把二胡呢？"我立即心领神会，自信地说："等我长大后，我给爸爸买，那第五把二胡一定会比前四把都好！"爸爸妈妈听了，会心地笑了。

思绪回到了眼前，我循着二胡声过去，终于看到一个中年男子拉得很投入，真好听，我在一旁也听得入了迷。几曲过后，一交流才知道，男子是宁波歌舞团的独奏员，怪不得拉得这么好。对比自己的二胡水平，我的脸便红了起来。我还是初级水平，怎么能跟他比呀？接着我又在旁边默默地听了几首歌曲，心想什么时候我也能像他那样拉得这么好听啊？好在我也是个有毅力的人，经过自己不断摸索，看视频学习，现在也有不小进步，相信不放弃就有希望。

高考前夕——上吐下泻

6月，注定是不平凡的。5日高考动员会后，我爱人立即赶回来上班，然后我请假去镇海，因为7日、8日儿子要高考，辛苦了十二年，全看这一次了。正如白岩松讲的："没有高考，你拼得过富二代吗？没有高考，你拼得了官二代吗？"在当今中国，高考是改变一个人命运的最好机会，可要抓住它，那真是比上天还难，它是实力和运气的比拼。

儿子一向身体很好，可就在高考前一天，不知是紧张还是别的，竟上吐下泻，无法入睡，我真是六神无主。试想，明天就要高考了，碰到这种事情谁不慌呢？我把儿子的情况向爱人汇报，她也很着急，在电话里提示我这样做那样做，我照做不误，可就是没有效果，真是急死人了。爱人悄悄跟我说："这肯定是紧张惹的祸，考好就没事了。"看看儿子，我爱莫能助，只能安慰他，把自己以前高考的事情讲给他听：爸爸考大学考了三次……马云考了三次……俞敏洪也考了三次……看这么有名的人物都考了三次，你才第一次，怕什么呢？听着我唠唠叨叨，像催眠曲似的，儿子居然睡着了。我马上把这个特大喜讯告诉守在电话那头的爱人，她也十分开心，总算安心了一点。一直到凌晨4：00，我都没有睡意，生怕吵醒儿子，就一动不动地躺着观察着。反正我有的是时间，大不了趁儿子高考时我再补觉。6月8日这一天早上，看到送考的妈妈们穿着旗袍，爱人说她也穿了，希望儿子旗开得胜。爱人的旗袍是一位家长帮忙一起买的，早早就准备好了。妈妈们穿着旗袍守在马路口当志愿者，生怕汽车鸣笛，影响高考；爸爸们本来约了说穿马褂，希望孩子马到成功，但天太热，就改穿红色T恤，希望开门红嘛。真是可怜天下父母心啊！

两天的高考，对孩子来说是煎熬，对大人们来说简直是折磨。每当孩子进考场，大人们还是不肯离开，生怕有什么意外发生。三五成群，倒也从不认识到认识，从认识到熟悉，现在都成好朋友了。我的镇海中学家长群也加了好几个，班级群、年级群、学校群，甚至还有人组织相亲群了，真是为孩子操不完的心啊！

清华交大——谁主沉浮

　　到底上清华还是上上海交大，这是我们最纠结的问题。各有利弊：去清华面试，如果录取，专业可能一般；如果去上海交大面试，有了"致远营"优秀营员的荣誉，再加上他的成绩好，选个中意的专业应该没问题。但它们两个学校却把面试放在同一天，这样的话，就意味着只能二选一。

　　针对这个情况，我儿子非常纠结。当然，他急，我也急，出发的前一天晚上还没考虑好到底是去哪所学校面试。到晚上12点，儿子还在给交大招生办打电话，咨询有"致远营"优秀营员的荣誉，可否免面试。最好两所学校都参加，这样保险一点。该想的办法我们都想过了，此时已夜深人静，真是"问天天不应，问地地不灵"。

　　最后在我的动员下，儿子还是决定去清华面试。其实两所都是好学校，只不过碍于面子问题去考了清华。中国人么，没办法，就知道死要面子活受罪，到头来吃亏的还是自己。其实交大的优势专业肯定胜过清华普通专业，俗话说，宁做鸡头不做凤尾，但说说容易，做起来难啊。

　　据说世界上最难的事就是改变人的观念，的确，思路决定出路。我发现凡是观念领先的人，家庭、事业是双丰收啊！而那些思想观念落后陈旧的人，与改革根本不沾边。那些敢为天

第二章　学业终有成

下先，敢于大浪淘沙的改革者，都是些思想领先、敢作敢为的勇士。他们眼光独到，思维敏捷，比如温州人，中东还没有停火，他们就去抢生意了，结果温州人个个都发财了。据说现在温州人又瞄准东北和福建那边了，因为一旦俄乌战争结束，肯定需要大规模地基建，所以他们现在先待在中俄边境的满洲里，时刻准备进军俄乌市场；还有福建那边，一旦两岸统一，那么福建与台湾就走得更近了，到时候想不发财都不行！你看，多精明的温州人啊！

清华面试——顺利通过

去清华面试，那是我们家人生历史上最纠结的一次。因为在寒假参加上海交大"致远营"的时候，由于儿子表现出色，评上了"致远营"的优秀学员，所以只要去面试一下，上海交大应该是稳进的；但报考清华就不同了，"三位一体"初审只给了我们"通过"，而不是"优秀"，笔试成绩还可以，高考成绩现在还没下来，只是个未知数。可是老天偏偏喜欢捉弄人，两所学校面试的时间居然排在同一天，我们只能二选一。出发前那天晚上，真的不知道如何抉择。儿子打了好几个电话到上海交大"求救"，但电话那头的人早下班了，根本没人。为了"三位一体"考试，我特地请假陪他赶考，留他妈妈在平湖上班，三个人一直纠结到晚上近12点，最终一致决定：去清华面试，碰碰运气，这种机会在人生中只有一次，不去会后悔的。不试怎么知道？万一进了呢！

上海交大的话，如果我们这次放弃了，要想凭高考成绩进去，交大分数线也挺高的，裸分进交大，估计也难。复旦大学虽然还没开始面试，但笔试自我感觉不错，应该也能进。

就这样，第二天一早从宁波出发去清华，参加面试的三十六人都出自同一所学校——镇海中学。你想，这场面有多壮观，我们镇中的同学和家长基本都集中乘坐在两节车厢里，好不热闹。到了北京，我们先找到了事先在网上订的青年旅馆，正是赶考季节，学校附近的宾馆早就订满了，只好订了稍远一点的。吃了晚饭后，就赶去清华集中听讲座，知道了这次清华打算在浙江"三位一体"招一百零五个，但明天参加面试的同学有二百四十五个，得淘汰一半以上。我们家长听得也是心惊肉跳的，但这时已经豁出去了，我想最差就算是来旅游吧。爱人叮嘱我在校园里留个影再回来，因此父子俩在清华拍了合照。不管结果如何，也算是到此一游吧。第二天面试开始了。那天上海的考生也在，浙江和上海考生在一起，家长们都焦急地等在楼下。终于等到儿子出来了，我立刻迎了上去，问："考得怎么样？"儿子笑眯眯地说："自我感觉还不错，因为准备充分，感觉这个考题我答得很全面，我共列举了五条意见，题目是关于韩国留学生能不能在校园里骑电动车的事，正好前两天与上届同学联系过，提起过这件事，因而答得比较轻松。"我心想：看来有戏了。

宏伟目标——催人奋进

世界上最伟大的事业，都是一点一滴完成的。

——苏格兰社会改革家托马斯·格恩

制定自己的目标有多重要？对学业有多重要？《爱丽丝漫游奇境记》中有一段爱丽丝与猫的对话很有意思。爱丽丝问："能否请你告诉我，我应该走这里的哪条路？"

猫回答："这要看你想到哪里去？"

爱丽丝说："我去哪儿都无所谓。"

猫说："那么，走哪条路都是一样的。"

这段对话告诉我们：如果没有自己的目标，就意味着失去对命运的把握，也只能由命运来摆布。

联系到我们的学业，许多同学和家长一言以蔽之，就是"勤奋"二字而已。殊不知，勤奋固然重要，然而不谈目标的瞎勤奋又有什么意义呢？目标不明，努力白费。那么怎样才能确立自己够得着的学习目标呢？下面听我细说。

在儿子还未出生之时，我们俩就想好了，要把孩子培养成比我们优秀的人物，所以他的名字中带有"梦"和"昊"，意思是梦想着做天下第一。另外，姓"钱"的科学家，听起来比较亲近，感觉离我们并不遥远，因为毕竟五百年前是一家么。像钱学森除了搞科学研究外，他的业余生活也比较丰富，还娶了一个美丽多情的老婆——蒋英。我希望我儿子的人生，今后也像钱学森那样成功，早年漂洋过海留学美国，然后学成回国后报效祖国，成为我国某一领域的专家。所以这个名字我十分喜欢，觉得取得很好，既不深奥，也叫得响亮。说起取名字，在我儿子出生之前，我的确是做足了功课，把《新华字典》《现代汉语词典》都用上了，因为这寄托着我们全家人及整个家族对他的殷切期望。

说起胎教，我觉得很有意思，还觉得自己做得挺成功的。因为出生前一直给他妈妈听抒情歌曲，结果出生后发现他对音乐情有独钟，无论多么哭闹，只要音乐一响，他就会立即停止，小眼睛骨碌碌转，似乎在寻找音源，并能跟着音乐的节奏动起来。这种对音乐的天赋在后期的学习中表现尤为突出。幼儿园大班时学竹笛，因为人瘦小，他连竹笛的洞孔都按不住，竹笛老师俞老师说："这可不行，让他大一点再来学吧！"报名都报好了，我坚持说："让他试试看吧！就当他是旁听的。"在我的一再要求下，俞老师勉强收下了这个小小孩。不过，奇迹出现了，经过半个学期的学习，俞老师说："不错，想不到啊！"所以，人不可貌相，海水不可斗量。真是有意栽花花不开，无心插柳柳成荫啊！

小学时，由于我们的坚持，他每天放学完成作业后都要吹二十分钟的笛子，这个时间一般在晚饭前，也不影响左邻右舍休息。去琴行学习，那是每次必到。我还清楚地记得，因为他胆子较小，我要利用他去吹笛子的机会，训练他的胆量，就让他一个人骑着自行车去琴行。到琴行骑车大概要二十分钟，他勇敢地答应了，我却为难了，因为实在不放心，我也骑辆车远

第二章　学业终有成

045

远地跟在他后面，不能让他发现，不然会伤他自尊心。有一次，去琴行前，我看他脸色有点不对，但我仍坚持让他去学习。过了一会儿，俞老师就打电话过来了，说："你儿子脸色煞白、大汗淋漓，你还是快点送他去医院看看吧！"当我看到儿子这副病态时，心痛不已，责怪自己太狠心了。后来一想，哪一个成就事业的人不狠心呢？郎朗的父亲为了郎朗干脆辞职，陪着他从沈阳到北京，放着优裕的生活不过，逼自己住在北京的地下室，过苦日子，父子俩还差一点跳楼；辽宁电视台的女主播为了女儿也宁愿放弃电视台的工作，陪女儿成就学业……

儿子的音乐之路没有一直走下去，不过他在小学阶段也取得了傲人的成绩。由平湖市青少年宫主办的"阳光少年"比赛，他年年获笛子吹奏比赛第一，还经常去各地演出，俨然成了一个小小的音乐家；初高中时，班级排练节目，配上他一小段笛子独奏，参加学校比赛，也纷纷获奖。至此，我们的音乐目标也算达成了吧！

在学习目标上，我们主要是四年级前重点学语文，四年级后重点学奥数。为了实现这个目标，我们进行了马拉松式的培养。

先说语文。由于我是初中语文教师，所以对小学、中学的语文内容和要求都还比较熟悉，这是天然的优势，别人家很难企及。在他牙牙学语时，我就给他讲故事，录音机里放故事，让他体会到故事的美妙。当他自己能爬时，我就在地上摆放了小人书，每间每处都放，爬到哪里都有书。以色列民间有种做法，就是把书涂上蜂蜜，使孩子知道书是甜的。我也向他们学习，让他在书堆里长大。当然，有时他会把书撕下来吃，但这丝毫不改变我们的读书目标。

稍大一点时，我们就把地上的书捡起来跟他一起看。当他看到五颜六色的图片时，非常兴奋，甚至不让我们帮忙，硬要自己翻，结果把很多书都扯破了。无所谓，我这个书都是地摊货，一元一本，便宜得很。这样就慢慢地把他的兴趣培养起来了，见书就两眼放光。有一次带他到北京旅游，当来到王府井大街时，他看到一家书店不肯走了，非要进去不可，我们就陪他一起去买书，可他倒好，一连几个小时都不肯出来，买书变成了看书，没办法，我们也只好陪着他。等他把挑好的书买好后，我帮他提着厚厚的书带回宾馆，这哪里是旅游，分明是在给人打工，真是苦不堪言。当然啦，虽然没去好好看看王府井，还提着他重重的书，但我的内心还是喜滋滋的。我想，儿啊，今后肯定有出息，小孩子那样爱读书的，世界上不多了。所以我好好地表扬了他一番，说今后买书，无论买多少本，不用向爸爸汇报，买好后直接向我报销。儿子满意地笑了，我们也开心地笑了。

一分辛苦一分收获。相信付出总有回报。儿子的确也取得了丰硕成果。一年级时，我们把他写得比较优秀的作文做了一本《新芽集》，这一年他有十五篇文章发表在各级各类刊物上；到四年级的时候，他已经在各级报刊上发表作品四十来篇。

笑

妈妈笑起来，
嘴角翘翘像小船。

爸爸笑起来，
嘴巴大大像喇叭。

奶奶笑起来，

条条皱纹像波浪。

姐姐笑起来，

甜甜酒窝像小花。

《笑》发表在《小学生天地》《小星星》上。

冰箱"感冒"了

我家的冰箱从来不"感冒"，肚里一直凉凉的，默默地为我家工作着。

可是今天上午，妈妈买菜回来正准备把豆腐放进冰箱时，突然发现放冷饮的那扇门没关上，一看就明白了是怎么回事。"昊昊，冰箱'感冒'了，你快来看呀！"妈妈大声地叫我。我想真有趣，冰箱怎么也会"感冒"呀？我急忙跑进厨房一看，只见冰箱真的"感冒"了。"泪水"正从冰箱的门缝里一滴一滴地流下来，妈妈一边用抹布擦着，一边还不时地抬起头来看着我，看得我心发慌。我这才想起原来昨天下午我拿棒冰的时候，因为太着急没把冰箱门关好。妈妈拉开抽屉，温度好高呀，里面原本硬邦邦的冰棍都化成了水，就拿出来放进袋子里。我还以为妈妈要扔垃圾桶了，就急忙把原因告诉了妈妈，哭着说："妈妈，别扔呀！我下次一定小心！"这时，妈妈才说："冰箱都被你弄得'感冒'了，不得帮它治一治？"于是，我和妈妈费了好大的劲才把冰箱身体里的"脏物"取出来扔掉，然后用干净的抹布把它里里外外"消毒"了一遍，最后我小心地关上门，妈妈插上了电源。

冰箱终于不"感冒"了，重新开始工作了。

《冰箱"感冒"了》用拟人化的写法写得形象生动。该文发表在《小星星》杂志、《风筝娃娃》报上。

会"唱歌"的碗

前几天，我看到电视里有一位叔叔手拿着两根棒子正非常投入地敲打着一些大大小小的碗，有的碗里水多，有的碗里水少，有的碗里没有水，竟然敲出了一首美妙动听的乐曲。我羡慕极了，要是我也能像他这样演奏，那该多好啊！

今天，我决定亲自试一试。我先找了8只大小不同的碗，摆放在桌子上，然后用一根筷子敲了敲，那8只碗就发出了高低不同的声音。我想乐器上1到i这8个音是从低到高的，于是我就按这个顺序依次排开。接着我又敲了敲，还是不像，突然我想起了还需要水，我就给碗里倒入不一样多的水。我试敲了一下，有点像了。就这样不知调试了多少遍，终于像1到i这8个音了，我迫不及待地敲起了我最熟悉的曲子《闪烁的小星星》，终于成功了。

我连忙叫来妈妈。妈妈看到桌子上放了这么多的碗，还洒满了水，就皱起了眉头，但当我演奏完曲子，兴奋地敲到橱上时，妈妈情不自禁地笑了。

这些会"唱歌"的碗真是太有意思了，用碗做乐器真是太有趣了！我要努力学习，将来创造出更多、更好的乐器！

《会"唱歌"的碗》一文发表在《南湖晚报》上，儿子想象奇特，构思巧妙。

实现溜冰梦

每当看到小朋友们穿着漂亮的溜冰鞋在少年宫广场上潇洒自如地溜冰时，我就想：什么时候我也能像他们一样，那该多好呀！

生日那天，妈妈好像早就看出了我的心思，对我说："昊昊，今天去买双溜冰鞋吧！"因为我不会溜冰，怕摔倒，连说不要。可妈妈坚持要给我买，还对我说："要多运动才能长身体，你不是说自己是男子汉吗？这有什么好怕的？"于是，我便有了一双蓝色的溜冰鞋和护套。

妈妈和营业员阿姨一起帮我穿上了溜冰鞋，戴上了护套。我靠着墙站了起来，感觉自己一下子高了很多。我拉着妈妈的手小心翼翼地来到人少的地方。妈妈说："戴着护套很安全的，自己走走看。"我试着放下妈妈的手，像刚学走路的孩子一样慢慢地学着独自行走。经过几天的练习，我终于学会了溜冰，实现了溜冰梦。

《实现溜冰梦》发表在《嘉兴日报（平湖版）》上，体现儿子小小年纪不屈不挠的精神。

爸爸快回来

亲爱的爸爸：

你去看病已经一个多月了，现在身体好些了吗？我和妈妈很想你！我多想有双翅膀带着妈妈飞到你身边团聚。

爸爸，快回来吧！我和妈妈两个人在家好孤单！妈妈一天到晚忙个不停，很辛苦，有时我帮妈妈一起干活——地上脏了，我就拖干净；垃圾满了，我就拿去倒掉；我还像你平时一样每天晚上把门锁好，睡觉时让妈妈躺在我怀抱里，让妈妈感到既安全又舒服。爸爸，你放心吧，我每天坚持学习，吹笛子、练毛笔字、做奥数、看课外书……妈妈常说我懂事了。

爸爸，你要好好照顾自己，听医生的话，开心些，把身体养得棒棒的，好吗？我和妈妈盼着你早点回家。只有在一起，全家才会更加幸福！

祝你

健康、快乐！

您的儿子：昊昊

《爸爸快回来》写的是爸爸独自去石家庄看病一个多月，"我"陪伴妈妈做家务。懂事、富有爱心的小作者形象跃然纸上。

看了儿子的这封信，我百感交集，热泪盈眶。他妈妈以前的同事在报纸上看到这封信，特地打来电话，夸我儿子真懂事，本来还不知道他爸爸看病去了，有这样的儿子更要健健康康的，让我安心养病。还有好多优秀的作文，我就不一一列举了。

到四年级的时候，按照我们先前的计划，重点是攻奥数，为后面到外地求学做准备。由于我们本地的教育不算拔尖，所以顶尖的孩子每年都有人去杭二中、学军、杭高、杭外、镇海、富阳等地去读书，因此我也想努力一下，力争让他初中去外地学习。而外地学校最看重的就是奥数，于是原先用的这套继续用着。本来想让他就这么自己学一下好了，也培养了自学能力，学到多少就多少，但现在有了新的目标，于是他妈妈又买了一些奥数资料，准备与儿子同甘共苦，携手共进，所以每天吃过晚饭后6点到7点是奥数时间，雷打不动。有一次有一道题，两个人想了好久，还没做出来，儿子主张发到网上向高手请教，正好我学校里有个杭师大的实习生，于是我就邀他一起做。经过几个人的通力合作，终于把这道奥数题中的拦路虎拿下来了。有时儿子和爱人为一道题的做法争得面红耳赤，我赶忙去当和事佬。有时碰到难题做不出，他就噘着不肯吃饭，弄得我们一家人团团转。有时题目做不出，他还不肯睡，没办法，我们只好先睡。到半夜了，灯还亮着，我心疼儿子还在长身体，而且怕第二天上学起不来，就把他房间的灯给偷偷地关了。这下可好，儿子立即从房间里跑出来，狠狠地瞪了我一眼，又把灯打开，我真是无可奈何，随他去吧！

儿子从小学到高中的奥数书有一车子那么多，书房里一半都是奥数书。只要他翻到的，无论是中国的，还是外国的，他翻都不翻，买回来再说，有时买重复了也不知道。儿子对数学的痴迷程度真的是不亚于陈景润了，但我最担心的就是变成他另外一个陈景润，因为陈景润虽在数学研究上功勋显著，但在生活自理方面不尽如人意，所以我对儿子的培养目标是钱学森、爱因斯坦，他们不但会科学研究，还会享受生活。

初中时，儿子的奥数成绩几乎达到了顶峰。刘老师不仅是他的数学老师，而且是他的奥数教练，这下可好了，问题目方便多了，更重要的是刘老师的人品很好。俗话说：亲其师才能信其道。我儿子自从跟了刘老师学习数学后，数学成绩突飞猛进。他对刘老师崇拜得五体投地。刘老师的一举一动、一颦一笑，他都看在眼里，不断模仿。刘老师喜欢打篮球，他马上买来篮球；刘老师喜欢跑步，他二话不说跟着刘老师跑。后来刘老师干脆把数学竞赛班教室的钥匙给他负责，他高兴得一蹦三尺高，连钥匙也一起抛向空中，差一点把钥匙弄丢了。刘老师经常给予他机会，让他上台给班里同学讲解数学题，既锻炼了思维，又培养了能力。刘老师真的是一位特别优秀的老师，德才兼备。学生去问题目，刘老师总是来者不拒，要是不太确定，他还把题目拿去向他爱人请教。他爱人是镇海中学的高中数学老师。在刘老师的细心栽培下，儿子终于取得了非凡的成绩，初二时获全国数学联赛全省第四名，初三时获全国数学联赛全省第一名。那时的我憧憬着无限的可能，但最想的还是希望儿子有机会能保送北大数学系。

世界上的事情不是我们每个人所能左右的。高中时遇到的数学竞赛老师，由于跟我儿子的观念不合，弄得有点不开心，北大数学系的梦想也随之成为明日黄花。我虽然力求把他们两个人的关系修复好，但无奈儿子积极性不高，坚持自学，虽然最终仍获得了全国一等奖的好成绩并进了清华，但与心中的目标擦肩而过。回头想想，还得感谢竞赛老师，让他不断挑战自我，内心更强大，遇到挫折更有勇气去面对。

为了让儿子有一个明确的学习目标，我把《巧学助我上清华》的书买给他看。当然，现在想想有点残酷，缺乏对儿子的理解、同情，但舍不得孩子套不到狼，我也没有办法，谁叫他出生在我这个小老百姓家里呢？如果是富二代、官二代就容易多了，国内不行就去国外，怕什么！中央电视台著名节目主持人白岩松就说过：没有高考，你拼得过富二代、官二代吗？想都别想，在中国，高考还是最公平的，如果连这条线也破了，那我们老百姓真的是不要活了，想想都可怕！在目标的实现过程中，要适当加压。我经常对他说，考不上清华北大不要紧，浙大也很不错。特别是儿子在搞竞赛时要和文化课双线作战，忙得不可开交，往往顾此失彼，特别是文化课成绩，由于长期停课，有些知识点没有学到，因而考试不理想。这时我们俩就及时地劝导，说得最多的一句话就是：不放弃就有希望。我知道这句话是苍白无力的，但我如果一急，他会更急，所以我总是表面上装得轻轻松松，等儿子走了再唉声叹气，心想，别人家的孩子怎么就这么厉害呢？不仅文化课成绩好，而且竞赛成绩出类拔萃。但再想想儿子走到这一步已经很不容易了，我怎么忍心批评他呢？所以总是笑脸相迎，买他喜欢吃的东西，尽量满足他的要求，谁叫我自己这么笨呢？如果我的基因再强大一点，孩子不是更厉害了吗？有时走着走着就埋怨起自己来了，真是自作自受，到镇海去找苦吃，这下可把自己都要累倒了。爱人倒是在一旁不声不响地给儿子找错题。她一手手机，一手电脑，先用手机把错题拍下来，再把错题按科目存到电脑里，集中在一起，省得儿子翻来翻去在试卷上找。这也不失为一个创举吧！

求学之路虽然辛苦，好在我们最后实现了理想的目标，凭着数学的特长，再加上"三位一体"，终于圆梦清华。

考试失利——焉知非福

从儿子这届开始，学校准备让一些优秀的同学初中学习两年，高中学习四年，这就是所谓的"2+4"体制。谁也没有经历过这种模式，也不知道是好是坏，只知道用两年时间学习初中三年的内容实在是太紧张了，但既然是学校的决定，我们只能仓促应战，结果是知识学得一点都不扎实，囫囵吞枣，不系统。

有时候命运就是要跟你开玩笑。本来说招三十人，儿子觉得希望很大，所以在上初二时，一边上初二的内容，一边还自学初三的知识。记得那年整个寒假，除了去爷爷、外公家里，陪两边老人过年，我们连走亲戚都没去，陪着他，让他在家争分夺秒预习、复习，的确很忙碌，但满怀期待。辛苦了大半个学期，终于参加考试了，结果到录取时只录取了九人，而我们儿子据说是第十名。一名之差，天上地下。但现实是残酷的，在事实面前你不得不低头。这九名同学跨入高一学习，我儿子一脸的无奈，想想自己起早摸黑，还挑灯夜战，有时还要躲到厕所或被窝里学习，不就是冲着"2＋4"吗？这下好了，驼子跌在高桥上，前不着村，后不着店，怎么办呢？痛定思痛，冷静下来之后，总算有点思路，既然儿子已经把初中知识学得差不多了，何不像他们那样自己参加竞赛呢？儿子一方面继续跟着老师上课，把因虚快学得不扎实的知识补一下，另一方面也跟去了高中的同学联系，打听他们在那边学些什么。他一有空就拿出数学竞赛题做起来，我又看到了儿子那种"不服输"的精神。

事实证明这一招还真有效，到期末时，知识点学扎实了，儿子的统考成绩名列前茅；另一方面，竞赛成绩也非常骄人，在全国初中生联赛中得了浙江省第一名，学科和竞赛两不误。

再说那九个被录取的同学，到高中后，被分在上一届高一的三个班里，学得也挺辛苦的。儿子与他们保持密切联系，了解信息，获取一些资源。这时，我们安慰他：当初"2＋4"是否考取，现在来说已经是次要的，关键是要把握好自己的命运。俗话说：命运掌握在我们每个人自己手里。我看的确如此。

特长之路——山重水复

学校高中部每年都要从初三学生中招特长生，以便提前参加比赛，早日出成绩。我儿子在数学兴趣A班里的成绩数一数二，所以我觉得考特长生问题应该是不大的，更何况数学特长生按往年惯例都招三个，于是摩拳擦掌，跃跃欲试。到了考试那天，儿子信心满满地早早来到了考试教室，等待考官发试卷。经过紧张的考试之后，考官把试卷带回办公室，马上进行阅卷。儿子焦急地等待着宣布考试结果。

可是，录取名单上只有另一位同学的名字，儿子落选了。这消息犹如晴天霹雳，把他打蒙了。天哪，儿子辛辛苦苦准备了这么长时间，盼星星，盼月亮，总算熬到了这一天，而且在数学联赛的历次比赛中儿子都考得不错，凭什么没有被录取？儿子在操场上独自一个人走了两圈之后，决定还是把这个不幸的消息告诉我。我只能在电话这头安慰他，但听得出来儿子挺郁闷的，情绪低落。

第二天我就打电话给教导处。教导处的老师说："你儿子是很好，但我们这次只录取一个，所以再三比较，我们觉得录取的那位同学的数学功底比你儿子更扎实。"我说："往届特长生不是都有三个名额吗？"他说："我们也很想多录取几个，无奈这届学生我们只挑选到了这一个。"直接无语了，把我的这份自信也打得一败涂地。

周五一下班，我立即赶去了学校，看到原来活蹦乱跳的儿子，这时候像只病猫，我心痛不已。儿子，你是男子汉，跌倒了要勇敢地爬起来。儿子，你要挺住，是金子总会发光的，爸爸妈妈是你坚强的后盾……安慰了一番之后，儿子的表情略显轻松了一点，小小年纪就承受这么大的打击，想想真是作孽啊！真是叫天天不应，叫地地不灵，但只能勇敢地面对现实，继续努力。

杭二考试——一波三折

儿子到了初三时，面临着择校的难题，是继续留在镇中读，还是去杭二读？各有利弊，总体上说，那时的杭二竞赛比镇中好一点，而镇中的高考比杭二好，而我儿子参加的数学竞赛则是镇中比较有优势。去杭二的话，要重新熟悉环境，会有一个比较长的磨合期；而继续留在镇中的话，老师、同学、环境都非常熟悉，无须磨合，实在是纠结。但为了锻炼人的意志，开阔儿子的眼界，我们决定不管读不读杭二，还是抓住这次机会去见识一下，俗话说，耳听为虚，眼见为实，何不去杭二体验一下呢？

于是当杭二招生考试时，我儿子也去参加了。但是问题来了，考试是安排在晚上杭州的一个培训机构里。我们俩的车技都非常蹩脚，只是上下班开开而已，真要到杭州这种大都市，而且是在晚上，那是不可能胜任的。怎么办呢？我相信办法总比困难多，于是花钱去请了一个出租车师傅帮忙开。这位师傅体重实在太重了，大概有两百斤，坐在驾驶室里，感觉车子都往下沉。想不到还有更麻烦的事，这位师傅的鼾声简直像雷声，地动山摇，弄得我们一夜睡不着。老天就是这么捉弄人，真是屋漏偏遭连阴雨。

第二天一早，我们又开着汽车往宁波赶，到校迟到了一会儿。那次去杭二考试，还有几位同学也参加了，这惊动了学校领导。为了稳定军心，校长马上召集这几个人开会，把这几年来镇中的成绩回顾一下，希望大家继续留在镇中，只要肯努力，保证不会让人失望。确实，镇中每年考取清北的人数是全省最多的，考取浙大以上名校的，据说有半数以上。你看这样的名校，如果没有镇中领导和全体教师的无私奉献，能取得这么好的成绩吗？显然不可能，镇中年年满堂红，主要有师生、家校的共同配合。祝愿镇中年年红红火火，永远火下去。

辗转杭二——艰难抉择

在我们浙江，有三所顶尖中学，那就是镇中、杭二、学军。我们参加了杭二的笔试和面试，又在学校旁边待了一天一夜，参观了校园，找到了平湖在杭二读书的一位学生。他正好在教室自习，找他了解了学校的一些情况，也感受一下校园文化。总的来说，杭二是大家闺秀，包容大方，镇中是小家碧玉，温文尔雅，两所学校各有千秋。杭二地处大城市，对于开放型的学生来说可能较为适宜；镇中在小城镇，跟我们的平湖相似，对农村出来比较拘束的孩子来说可能比较适合。再说去杭二要有一个适应期，而在镇中不用。还有学科竞赛上，杭二参加竞赛的一般每人报两科，忙得够呛，镇中报一科，精力更集中一点，再加上这几年数学竞赛的成绩，镇中好一些。所以我儿子最终决定留在镇中，并如愿以偿考进了创新班。

有句老话叫：没有最好的，只有适合的。我们认为儿子选择镇中是正确的。儿子的同学当时也一起去考了杭二，他最后选择去了杭二，因为他叔叔在杭州教书，方便照顾。三年之后他顺利进了中科大。那一年，儿子所在创新班有二十九位考取了清北，十二位去了复交，还有一位在高二时去了中科大，所以当时我们的选择并没错，得到了利益的最大化。

经常有人问我，杭二和镇中哪所学校好？我说，就像人家问，清华和北大谁好？都好，因为清华是工科第一，北大是综合第一，有什么可比性呢？它们在各自领域内都是No.1。类别不同，标准不同，你说怎么比呢？

中国人就是喜欢攀比，比来比去，把自己比没了。好端端一个东西，经这么一折腾就变得一团糟了，这主要是人们急功近利和"眼红病"造成的，因此我们要知足常乐，懂得适当享乐，退一步海阔天空，进一步寸步难行。

参观镇中——锁定目标

初中入学考结束后，我们就带儿子去了镇海中学和蛟川书院高中部参观。这两所高中在一堵围墙里，外面多了一扇门。镇中内古木参天，小桥流水，曲径通幽，环境优美，内有大成殿，楼阁古朴典雅，亭台飞檐斗拱，不光自然风光美，文化底蕴更是了得。我们走到爱国主义教育基地内，这里藏着十八处抗倭、抗英、抗日、解放战争时期的历史遗迹。一个个闪光的名字和红色故事在这里流传："中国红色女特工"朱枫、爱国志士柔石、隐蔽战线英雄张困斋……这所百年老校，为国家培养了数以万计的人才，你看有哪一所学校比得上镇中的文化底蕴，又有哪一所学校的风景像它那样优美，更有哪一所学校的师生像镇中那样兢兢业业、潜心教学的？我想这就是百年名校的过人之处吧！

参观好镇中，来到了只隔一扇门的蛟川书院高中部。这两所学校连在一起，中考录取分相差不大，我问儿子三年后想去哪里？儿子坚定地说："当然是镇中！"果然，三年之后，儿子以优异的成绩被保送镇海中学，而后又过五关斩六将，挤进了创新班。我在心里想，儿子啊儿子，真是太不容易了。想当年你老爸真是太怂了，高考考了三年，你说气人不气人。现在我的儿子这么优秀，终于把脸面给挣回来了，使我勇敢地抬起了头。

儿子进镇中后，既要参加文化课学习，又要参加竞赛训练，实在忙不过来。没办法，只好在学校附近租房。因此，白天他主要学习学科文化知识，晚上回家后再做一会儿竞赛题目。高一时不太适应，有点无所适从，属于迷惘期。那时，儿子讲话不多，非常自卑。高二时，看着同班同学有的已经被清北锁定，可儿子八字还没一撇，不知道怎样，路在何方。后来在班主任陈老师的鼓励和帮助下，终于走出了学习的低谷，有所好转。高三彻底扭转局面。在高三的9月份取得了全国数学联赛一等奖，这时儿子信心倍增，目标明确，向清华进军。最后终于凭着一等奖的头衔、优异的高考成绩，走进了清华。

打球学习——统筹兼顾

儿子非常喜欢打球，所以他妈妈特地从网上给他买了个牛皮篮球。他打球很有规律，几乎每天早上一小时或傍晚一小时，这个习惯一直坚持到初中毕业。

放假回家时，我们一家人就会去他母校实验小学的操场一起锻炼。他打球，我走路，他妈妈跑步。他有时一个人打，有时加入大人的球队打，切磋球技，打得不亦乐乎。儿子人高马大，近一米八的个子，再加上跑步速度还可以，在球场上表现相当出色。有一次他到我们房间，显出他的六块轮廓鲜明的腹肌，差一点把他妈妈的下巴惊掉了。她说："我只有在电视里看到过，想不到儿子也这样，真是匪夷所思，可见儿子每天打球的效果是何等明显。"儿子打球我举双手赞成，但有一个条件——不能影响学习，他爽快地答应了。我提出来7+1>8的理论，也就是说打球一小时后，你要提高学习效率，把这本属于八小时的内容一起学习掉，而且争取超过原本八小时的学习效率。儿子说到做到，自从打球后，身体越来越棒，学习越来越好，所以在高中创新班选拔时，他如愿以偿地进了。儿子幽默地说："爸爸，你的功劳最大，要不是你每天给我放洗澡水，大力支持我，我的时间有些就浪费掉了，所以军功章也有你的一半！"看着这样的儿子，谁不满心欢喜呢？是呀，我一直跟他说要向乔丹学习，德艺双馨，这才是我们每个人应该追求的目标。

英语考砸——专题训练

自从上了初中，在所有学科中，英语对我儿子来说，是相对最薄弱的，很容易考砸。实际上男生偏爱理科，女生偏爱文科，是很普遍的，而英语需要大量的背诵。数学和科学通过考试都进入了竞赛A班，唯独英语勉强进入竞赛B班。后来儿子通过努力，英语居然也进了A班。学校的竞赛班要随时进行考试，考得不好就会被退回，有的孩子因为分数不够，甚至没有机会上学校免费的竞赛兴趣班，只能自己去社会上花高价学习，质量还不一定保证。不得不承认宁波的孩子英语水平的确厉害，儿子是有差距的，在竞赛A班待的时间不长，又被退回到B班了。

到了高一，在高手如林的创新班，儿子的英语成绩一点也没有优势，甚至在一次测验的时候，真的考砸了，而且考得很差。英语王老师打电话给我，我马上去学校跟老师沟通，看看儿子为什么考砸了。王老师很负责，拿出试卷一题一题地跟我分析，结果发现主要是完形填空的问题。怎么办呢？我问王老师。王老师说叫他多做些这方面的作业，最好买一本完形填空的专题训练。我想儿子恐怕不够自觉，做了之后，能不能让老师抽点时间帮他看一下。我知道批一下要求太高，王老师不一定答应，因为她实在太忙了，可不叫她看一看，又不放心，所以我说："王老师，你是个大忙人，但能不能抽点时间给他看一下？这样督促他学习，效果更佳。"王老师爽快地答应了。

于是，我叫儿子赶快买一本完形填空训练书，然后每天做一些，每周一拿去给王老师看。儿子照做，因而英语成绩突飞猛进，他对英语学习的信心又找回来了，终于在高考中取得了满意的成绩。

是啊，成功者总是千方百计想办法，失败者那是千方百计找借口。在英语学习中，我们的确想过很多办法。我说，在读研究生时，你写论文和答辩都要用到英语，今后出国留学也是靠英文交流的，你要想今后向更高层次发展，那就不得不把英语学好，因为英语是目前世界上最通用的语言。

三一笔试——决战高考

这是我们经历过的最艰难的考试，晚上在宁波鄞州中学考完上海交大的"三位一体"笔试，要9点多了，又马不停蹄地赶去杭州参加第二天中科大和北大的笔试。因为我驾驶技术一般，所以儿子搭乘了初中、高中同窗六年的同学家的车去，他们有专门的司机，驾驶技术相当好，我很是放心。车上坐不下，我便独自乘车提前到杭州等他们过来。

等到在宾馆睡下的时候，已经是半夜了啊！虽然很累，我却全无睡意，中科大的考试明天7点就要开始，报名费还花了一百多元呢，怎么办？天已大亮，而儿子还在呼呼大睡，我不得已叫醒儿子。儿子说："不考了，放弃！"翻个身继续睡了！我虽说感到惊讶，但想想下午还有北大考试。好吧，那就放弃吧！养足精神参加下午的考试，毕竟北大笔试时间要近五个小时，不睡醒恐怕会撑不住。果然，他的同学因参加两校的考试实在太累了，在北大笔试的时候已经头昏眼花、昏昏欲睡了，以至于考试来不及。而他同学主要目标是北大，一般情况下是很有希望进的，可惜这次笔试考砸了。他同学妈妈非常懊恼，考好后不回镇海，直接回老家了。这下我和儿子可惨了，来的时候搭车的，回的时候怎么办呢？都怪我这开车水平！

天渐渐暗了，我和儿子就上滴滴找网约车，结果等了好久，打了好几个电话，发现司机有点不靠谱，取消了订单，这怎么回呢？好在天无绝人之路，正在两个人走投无路的时候，眼前出现了一个熟悉的身影，那不是儿子同班同学吗？一家三口开着小轿车停在旁边。我俩如获救星，马上跑上去问，能不能搭车？同学的爸爸二话不说，马上把轿车后车盖打开，让我们把行李放进去，总算一块石头落地，我们真是感激不尽。

你看，老天总是这么善待我们，可怜之人也有可爱之处。同学的爸爸很热情，一路上，从交谈中知道，他们是镇海炼化的，据说炼化出了不少人才，上一届的状元就是他们炼化的。不知不觉就到了镇海，同学爸爸把我们送到鼓楼广场就回去了。

救急之恩，不可不报，我对儿子说："你碰到这位同学一定要好好谢谢她！"他说："怎么谢呀？"是的，小孩子嘛，更何况人家是女孩，有点羞涩也是情有可原的。"那就诚恳地说句谢谢好了！"

致电考院——指点迷津

2017年，是我们浙江省高考改革的第一年。家长和老师都感到迷惘，学生更是一知半解。学校里虽然对新规则也解读过，但每个考生的情况是不同的。整个流程，问班主任，她也不是特别清楚，问一般老师，那就更不清楚了，去问校长吧，他说你去问教导处，跟教导处沟通，又说直接跟班主任联系，最后又回到起点，还是回到班主任那里。可怜了班主任，第一年涉及高考改革，很多家长请教她，她也在不断地学习中。

于是，我直接致电省考试院，请他们指导。接电话的是一个女同志，前两次态度尚可，我问她的问题，她一一解答了，我也表示了感谢。说真的临近高考问题很多，我还是不太清楚，第三次打电话过去，那头就有点不耐烦了，我想怎么就这么点境界啊！

儿子准备参加"三位一体"，但网上模拟志愿照填，还要填八十个，因此他对我说自己胡乱填了一通。到正式填志愿的时候，根据平时的成绩、联考成绩，对照往届高校录取的情况，他妈妈咨询了从QQ上认识的一位浙大热心教授。经高人分析指点，目标明确，只填包括浙大在内的六所学校，其他一律没填，最后凭着"三位一体"顺利被清华录取。

俗话说，改革是发展的动力，没有改革就没有发展，但改革是有试错成本的。像高考改革越改越复杂，连我们这些做老师的家长都弄不懂，更不要说普通家长了。尽管下面怨声载道，骂声一片，还出现过"2018年高考英语赋分事件"，但高考岂是儿戏，要对考生负责，最后浙江省政府取消了这次考试的加权赋分，恢复原始得分。要发展就要改革。我想随着党中央改革的不断深入，不少假改革都会露出尾巴，总有一天会改革成功。

请教学长——深受启发

陆品燕，一个在我们当地响当当的名字，是我儿子的清华学长，是中国著名的计算机专家，也是数学专家。他的祖先陆稼书是我们学习的偶像。每年每个单位都要组织去新埭泖口村参观学习。

2017年6月，在去往清华面试的列车上，我第一次打电话向他请教一些升学问题，他耐心指导。要知道我们俩素未谋面，仅是同乡而已。我马上心里一热，到底读过书是有层次的人，说话温文尔雅，始终客客气气、耐心指点，我为有这样的同乡而骄傲。他为我儿子的升学问题提出了宝贵的意见。当我把陆学长的升学指导意见转达给我儿子时，儿子紧锁的眉头很快舒展开来。出于对学长的敬佩，儿子也时刻关注着陆品燕的工作去向，了解到他先是在微软亚洲工作部就职，年薪八十万元，后又去了上海财经大学，组建计算机系。看，优秀的人才，跑到哪里都会闪光。

2021年，我们单位组织去陆品燕的老家祭奠陆稼书，当讲解员介绍陆稼书的事迹后，我向她建议，可以把陆品燕的材料也整理一下贴出来，宣传宣传，应该让大家知道南桥有这么一个大人物。讲解员说，对对对，这建议很好，回去向领导反映反映，说不定下次就有陆品燕的介绍了。

是啊，精神文明的宣传当然离不开古代文明，但更离不开现代文明。像陆品燕这样优秀的青年哪里去找呢？打着灯笼也找不到。把古代文明和现代文明相结合，这不正是我们需要的吗？

讲究方法——提高效率

良好的方法能使我们更好地发挥天赋的才能，而拙劣的方法则可能妨碍才能的发挥。

——贝尔纳

只要看一下学生的书包，你就可以知道，学生需要学习的东西有多少。如果没有一个好的方法，学习没有效率，怎么可能在短短的几年里将那么多的知识牢固掌握呢？更不要说应对高考了。小学的时候，我们最注重的是教儿子怎样自学，因为只有自学，才能做到无师自通，学什么都迎刃而解。事实证明，我的这一套"授人以渔"的方法是非常管用的。

比如放暑假了，我们会把高一级的同学的书借来或去买一套，最好是新书，这样根据预习留痕的原则，我就知道他哪些懂了，哪些没懂。然后教给他预习的方法，不认识的字用圆圈圈起来，不理解的词语也画出来，过渡句标出，修辞句也标出，不明白的地方打上问号。这样，到老师给他上新课的时候，不懂的地方就一目了然，再不懂就去问一下老师。虽然我自己是语文老师，教他是没有问题的，但我是从来不教的，我要他去问自己的任课老师，养成有问题就问的好习惯。一般来说自学下来，书中的大部分知识他能弄懂，剩下一小部分就等开学再解决。这样既培养了他的自学能力，又提高了他的阅读能力，更让他学到了受益终生的好方法。

他妈妈在指点他学奥数的时候，也基本是采用这种方法：先给他规定今天要学的内容，然后让他到一边去自学，有什么问题再拿过来请教。所以儿子自学奥数的能力很强，很快就把初中、高中的大部分内容都自学完毕，有时甚至还翻阅一下大学的内容，以至于跟高中数学竞赛老师闹了个天大的笑话。有一次，儿子把一道比较难的数学题，大概涉及大学的知识，拿去叫竞赛教练做，老师误以为儿子在为难他，掂他的斤两，所以非常恼怒，把儿子训斥了一顿，说儿子好高骛远。这位老师是第一年带竞赛班，又年轻气盛，所以也情有可原，但我儿子就不干了，他对我说再不上这老师的课了。我问他：那怎么办？他说自学。我知道凭他的水平自学应该没问题，但肯定弯路走得多，今后比赛的资源都在老师那里。我问他怎么办？他低头不语。于是我耐心地劝导他：人在屋檐下，不得不低头。退一步海阔天空，进一步寸步难行。最后他总算同意去上课了，但效率肯定大打折扣，于是又从家里拿了台电脑，我又帮他去电信局开通了网络，弄得我身心疲惫、心力交瘁，真是"出师未捷身先死"啊。想想我的苦，只有往自己肚子里吞，如果对人家倒苦水，人家还以为我在显摆，取笑我。

我们要求儿子做好每一天。因为你每一天做好了，那么结局肯定是最美好的。现在比赛或考试，都是实力和运气的比拼，结果谁知道呢。你能把握的只有今天，所以我们要重过程，轻结果。在每一天睡觉前问问自己：今天我过好了吗？有遗憾吗？是不是做得最好了呢？

审题不清——错默古诗

男孩子都有一个通病，那就是粗心，我儿子也不例外。记得小学有一次语文单元考试，他没有把整个题目看清楚，平时古诗背得很熟练，但就是错默了一首诗。好了，原本可以满分的试卷，结果古诗这题扣了四分，这太不应该了，怎么办？

儿子懊恼不已，放学时耷拉着脑袋，战战兢兢地来到我旁边，把试卷拿了出来，我一看古诗居然扣了四分，得九十六分。还没等我开口，儿子就已泪流满面，哽咽着说："错默了一首古诗！"我只好强压怒火帮他把眼泪擦掉，然后安慰起来，毕竟儿子也尽力了，再说这分数真的这么重要吗？只不过是人们的虚荣心在作怪罢了。我叮嘱儿子，下次注意就是了，告诉他，一个人的失误是难免的，我们要做的是如何减少失误，少留遗憾。考试只是手段，而不是目的，目的是要我们好好地把握当下，掌握更多的知识。在知识爆炸的社会里，你要特别仔细，一不小心就会跌进人家给你挖的陷阱里。一次次的考试，为的是查漏补缺，把知识学扎实，期末考试考好，所以机会有的是，力争期末更优秀。

儿子已经四年级了，所以跟他讲道理，他也已经懂了。有人说孩子10岁前用木棍，10岁后讲道理，虽不是绝对，但也是有些道理的。3岁小孩，屁都不懂，你对他讲道理有用吗？值得怀疑。我也碰到过这种事。儿子四年级时有一次因为把书皮划破，还嘴硬，我火气一上来就打他了，他流着眼泪对我说："爸爸，打是没有用的，是解决不了问题的！"我心头一惊，这哪是一个10岁小孩讲的啊，分明是大人在说话。我冷静下来，拍了拍儿子的肩膀说："儿子，只要你懂事，讲道理能解决，爸爸今后再也不打了！"

是啊，他已经讲得通了，你为什么还要去打他啊？他也有自己的想法，千万不能把他当作小孩子看，一定要蹲下来跟他讲道理。儿子的这句话对我触动很大，从此我再也没有打过他，因为我的儿子真的长大了。他需要人与人之间的理解，需要人与人之间的平等。我要是再这么粗暴地去打他，于心何忍，有用吗？

不断总结——后来居上

人生需要不断思考、不断反省，在反思中成长，在总结中提高。（下文是儿子初一上半学期的期末总结。）

回顾过去的一个学期，我觉得自己又长大不少，从开学到期末，从年级第121名到现在的年级第22名，一个巨大的飞跃，一份可喜的收获。

细细回忆这一学期的往事，喜怒哀乐都有。先从成绩上来说，这一学期无论大考小考，我还没有出过班级前十名。这无疑证明了我在不断努力，不断进步。

我语文成绩一直不太稳定，这回期末考试却跟全班最高分只差1.5分。分析错题，我发现这次主要扣分在课外文言文上，但这也不是很出乎意料，因为我平时花在理科上的时间，远远多于我花在文科上的时间。针对这一点，我计划在寒假中花时间学文言文。现代文部分只扣了1分，可见，文章并不是读不懂，而是读的遍数不够多，这正应了一句话："读书百遍，其义自见。"

再看数学，数学一向是我最突出的科目，虽然我分班考时数学并不怎么好。从小到大数学一直是我妈妈指导我的，在学校老师传授新知识前，我几乎都会了。到了初中，妈妈不可能再一直教我了，我便努力适应，成了我们班唯一一个考进学校奥数A班的同学，从这一点可以看出我适应得不错，现在我在自学微积分。

英语一直以来都是我的弱项，期中考试比班级平均分还要低。老师说我不是记不住单词、语法，而是我没有在这上面花时间。现代社会需要的是全能型人才，光理科好不行，文科也得优秀。我必须要注意平时的积累，在使用时才能得心应手。下课的时间我可以用来背背英语单词和课文，而不能白白浪费。人与人之间的智力差距并不大，关键在于个人对潜力的开发。我相信，我是能学好英语的，英语并不能将我打败。

在科学上，我生物方面不怎么好，这也是记记背背的东西。科学老师说我在物理逻辑思维方面很有潜力，并说我到初二、初三优势才能真正地体现出来。怎样才能让我的优势在下学期就得以发挥呢？这就要让生物也变成我的强项，反复地背，反复地记。既然我物理能学好，生物应该也能学好。生物在起步阶段，理解性的知识点很少，我需要从最基础的，一步一步地发展起来。我现在已经开始学化学了。

思品、历史与社会两门，我一向不错，因为我在考试前将本册书的知识细细列了一张提纲，这样考起来才能下笔如有神。我想，这应该是一个不错的应试方法。

再看能力方面，担任了一个学期的班长，有了一个学期的磨砺与锻炼，这使我又学会了不少，使我的领导能力得以提升。但我在工作上还不够大胆，因此争取在下学期取得更大的进步。

成绩只能代表过去，需要珍惜的是现在，让我努力去创造美好未来。

名师指点——成绩斐然

地理是我儿子选考的科目之一，这门课的特点是半文半理，既需要理解，又需要记忆，的确需要讲究方法。

高三时儿子参加地理选考，第一次只考了七十九分，我真是气蒙了，但仔细一想也属正常，因为前阶段儿子一直专注于数学竞赛，没有时间上课和练习，当然考不好。弄清了原因后，我就寻思，如何帮他提高地理成绩呢？

在跟儿子商量后，决定请地理魏老师帮忙，于是我和魏老师约了时间见个面。想不到他还这么年轻，而且毕业于南京大学地理系。看到魏老师，我就好像遇到了救星。在同他一番交流后，魏老师马上跟同事借了一个U盘，把自己的资料拷下来给我，又答应我每天让儿子去他那里抽查。时间保证，加上方法得当、名师指点，儿子的地理成绩像坐火箭似的往上蹿。到第二次考试时，他胸有成竹，气定神闲，考了满分一百分，我们全家人特别高兴。儿子高兴得马上给魏老师发信息，报告喜讯，并表达了感激之情。我们及时地表扬了他。

王金战讲过方法出效率。想当初，我儿子在名师魏老师的指点下，考了满分，我就想到"授人以鱼，不如授之以渔"的深刻道理。古人真聪明啊，几千年前就想到了这个办法，为我们现代人指明了方向。俗话说，千里马常有，而伯乐不常有。是啊，要想发现一个人才需要一双慧眼。而我们的生活中，伯乐实在太少了。习近平曾经说过，21世纪的竞争归根结底是人才的竞争，所以我们要当好新时代的伯乐，千万不要事不关己，高高挂起。要勇于担当，为社会多做贡献。

专家报告——受益匪浅

2020年10月，我们平湖市教育局邀请到了全国著名教育专家王金战来平讲学。我俩知道这一消息后，几经周折终于搞到了两张票。王金战，我早有耳闻，他的《英才是怎样造就的》这本书，我不知道拜读了多少遍，爱人经常把他的那句"优秀就是一种习惯"挂在嘴边，他简直就是我们的偶像。你想想，与自己的偶像终于要见面了，怎会不激动呢？

记得那天上午，王老师做了一场题为"新高考背景下家庭教育核心要素"的专场讲座，虽然是周末，但平湖市实验小学教育集团毓秀小学的报告厅座无虚席。王老师从良好品德的培养、广泛阅读兴趣的培养、良好思维的开发、人生的提前规划四个方面，结合教师、家长日常生活中遇到的现实问题，站在符合孩子成长规律、身心健康发展的角度，谈自己的做法。王老师幽默诙谐的语言，接地气的教育事例，引起与会家长、老师的共鸣，现场不时传来阵阵热烈的掌声。

　　我原本是想跟他交流的，话题我都提前准备好了，可惜由于时间关系，教育局取消了交流环节。他一针见血地指出平湖的教育缺点是方法，想考清华北大，但路都找不到，怎么办呢？

　　是啊，我作为平湖教育工作者中的一员，深有同感。有目标、有行动，才有收获，你光有目标还不行，关键是有办法、有措施。听了王老师的讲座后，教育局的确想了很多办法，比如选拔几个优秀生去镇海联合培养，跟华东师大二附中一起组织竞赛……由于方法对头，今年平湖中学终于有一个学生考取了北大（医学部），高分上也有所突破，所以凡事只要肯动脑筋，有什么事情办不成呢？

　　想当年平湖教育比周边县市都要落后，我们不得已去了镇海，路途遥远，心力交瘁，现在本地教育终于上来了，在家门口读优质的中学何乐而不为呢？

　　不过凡事都是有得有失，我们去镇海，得到的是那里良好的学风、教风，在那里遇到了很多好老师、好朋友，这些都是我们一生最宝贵的财富。你要说有所失，那就是足足四十来万元的培养费和每周路上奔波的劳累，可我们心甘情愿，也收获了很多，比如第一次见识了优秀家长的管理方法，相互间还成了好朋友。虽然儿子离开镇海已经有五年之久了，可我们这些家长还是在群里交流，有什么事情一呼百应。前几年有一个家长猝死，我们都毫不犹豫地伸出援手，这是何等的情谊呀！去宁波镇海读书，除了精神上更加富有，物质上也没有损失。儿子读书期间，我在宁波还买了套房，正好赶上宁波经济发展的大好时光，结果过了两年，这房子的价钱就差不多翻了一番，你说，我去宁波到底是赚了还是赔了呢？

张红演讲——鼓舞人心

听说"中国的海伦·凯勒"之父——张红，受邀来平湖剧院演讲。我立刻报名参加，机会难得啊！

张红详细介绍了他女儿的情况：双目失明，耳朵失聪。就是这样一个残疾女儿，张红凭着他满腔的父爱把她培养成留美博士，不得不令人赞叹。赞叹之余，我陷入了深深的思考，张红的那句话深深地触动了我：方向不对，努力白费！

是啊，有哪个家长不爱自己的孩子，但是又有多少家长能够胜任教育自己的孩子。所以除了满腔的父爱，更要讲究培养的方法。

记得我儿子一年级时，我和爱人一致认为：重点培养他的学习方法和生活自理能力，因为题海无穷，但知识是万变不离其宗的。俗话说，授人以鱼，不如授人以渔。你只有把抓鱼的方法告诉他，让他自己去抓，才会抓得更多更好。可我们有些家长实在是太溺爱孩子了，比如早上上学总是帮孩子背书包，仿佛家长自己要去读书似的，什么事情都依着孩子。这样培养出来的孩子，只知道衣来伸手，饭来张口，长大以后势必要啃老。

自从儿子上学以来，我们大人从来没有给他背过书包，甚至到了二年级时，他跟妈妈说："你走你的教师道，我走我的学生道！"妈妈和儿子在同一所小学，当时学校为了安全考虑，要求教师南门进校，学生东门进校，不至于交通堵塞，因此早上儿子和妈妈就会"兵分两路"各走各的。你看我这个儿子怎样？严格按照学校要求做。学生餐和教师餐价格不一样，自然菜的档次就不一样，但儿子从不计较，整个小学六年没有一次到妈妈那里蹭过饭，妈妈也没有去特殊照顾他。我们约定在校没有任何特殊情况不能找妈妈，所以我的儿子从来就是非常独立。一年级时，别的小朋友都是家长帮忙记录回家作业，而我儿子就开始学着自己记录。妈妈还特地写了下面这篇随笔《从帮儿子记作业说起》，此文发表在《嘉兴日报（平湖版）》上。

从帮儿子记作业说起

儿子读一年级，我心里喜忧参半。喜的是从幼儿园到小学，意味着儿子在学习知识方面将从随意到正规，这是一个质的飞跃；忧的是儿子平时胆子小，依赖性太强，能否适应小学的生活还是个未知数。因此对孩子独立能力的培养一直困扰着我，但又苦于无从入手。

小学毕竟不同于幼儿园，每天都有书面作业或者口头作业，有时还有通知，因此需要家长帮忙去记。刚开学，我和其他家长一样，接孩子时的头等大事是把老师写在黑板上的作业或通知抄下来（那时网络还没普及，更没有智能手机，只能靠人工），好回到家督促完成。一天，我随口问儿子："今天老师布置什么作业了？"儿子竟然说："我不知道，妈妈您不是记了吗？"是呀！抄作业的本子就在我手里，或许儿子认为妈妈反正会抄的，他就用不着记了！我被问得哑口无言、感慨万千！这可怎么办，儿子如此依赖不正是我的"积极"造成的吗？长期下去怎么能行呢？那晚，我辗转反侧，觉得还是应该从培养孩子的独立能力入手。

第二天，我对儿子说："妈妈比较忙，你现在已经长大了，自己的事情应该自己做，以后回家作业你要自己记，行吗？"看着儿子缺乏自信的目光，我摸摸他的头说："儿子，老师说你上课表现非常好，妈妈相信你能记住的，你一定能行！"这时，儿子自信地点了点头。

儿子字还识得不多，能记住吗？我还是不放心，在让他记的同时，我也偷偷地记了，以此考验一下他的记忆能力。有时我还会补问："就这些，没了吗？"发现儿子基本都能记下来，我当然不忘夸奖几句。儿子听了笑眯眯的，心里大概更是喜滋滋的吧。

通过这件事，我觉得，作为父母，应该认真地思考一下：到底怎样帮助孩子？是代替他们做事，还是让他们自己做事？今天我终于明白：给孩子"知"的喜悦，会使因辛苦而产生的挫折感一扫而空。在孩子面前有时真的不应表现得太能干，孩子的事更不能包办代替，应适当放手让他们自己去完成，有意识地培养他们的独立能力，为他们今后的独立生活打下良好的基础。

儿子知道不光学习上要独立，生活上也要独立。从五年级开始，因为有了外出读书的打算，所以我们专门培养他的生活自理能力，要求他自己洗碗，自己洗衣服。虽然刚开始洗不干净，但多洗几次之后，他也学会了。他妈妈开玩笑说："洗得不干净没关系的，反正穿在他自己身上，只要自己不嫌弃就是了！"因此到蛟川书院之后，有的孩子不太适应集体生活，但我儿子很快就融入了新的班集体，还自告奋勇竞选了班长。有的家长认为孩子当了班干部，会影响学习，但我们认为做班干部不仅能鞭策自己努力学习，更锻炼了自己各方面的能力。哪怕是到了高中，我们也是鼓励他积极竞选班干部，为班级多做事。事实证明，做了班干部后，对自己和集体的管理能力都有所提高。

寻找动力——奋起直追

情感和愿望是人类一切努力和创造背后的动力。

——爱因斯坦

学习是一个漫长的过程，如果没有可持续的动力，让学生保持一种学习的热情是困难的。

现在的家长们，总感到条件优越的孩子学习缺乏动力。那么学习动力从何而来呢？

动力一：自尊、自爱、自强

高中三年，是我们和儿子最自卑的阶段，因为组成镇中创新班的基本是原来初中各班的顶尖高手。我们心里每天都是怦怦跳，感觉坐在火山口，像是在走钢丝似的。每天的课业紧张自不必说，还要承受来自班里对手的压力，真是压力山大。所以儿子除了学习之外，积极性不高，总是闷闷不乐，我们看到他这个样子也就沉默不语。

调整好心态，说起来容易，做起来难啊！我把当年自己高考时紧张的情况说给他听，20世纪80年代的高考，如果考不上，还可高复，但现在形势不同了，有谁去高复？去哪里高复？

清北招生组的老师不定期地来校考察，寻找他们心目中的清北苗子。我儿子的成绩在班里属于中等，所以参加了几次测试都没被选中，心里着实慌啊！到高二时，班里已经有近一半的同学被清北预录取了，而自己八字还没一撇，你说是什么感受，内心得多强大啊！尽管我们心里也急，但还是尽力劝他，希望他退一步想，不是说退一步海阔天空吗？但儿子的性格我是知道的，表面上应允，实际上绝不投降！我们只能眼睁睁地看着他，心里就像有上百只虫子在抓。

看到住在隔壁的应同学签约清华，旁边武同学签约北大，他总是把房门关得紧紧的，生怕被他们看见。我们也只是难过地看着，心想：儿子啊，在这个世界上你已经很优秀了，你比得尽吗？比上不足比下有余。人家说世界上只有一个胜利者，你要是这样想就想通了。你要跟老家的同学比，他们连提前考清北的机会都没有，而且他们学得比你辛苦，听说每天半夜或凌晨才睡觉，但他们考取的学校都未必尽如人意。你要想：幸亏我来到了这里，不然这辈子都不知道什么叫竞争。你来这儿的目的是什么？不就是要寻找竞争对手吗？你有什么理由退却呢？还记得爸爸说的话吗？这里是起点，我们要从这里起航，走向大城市，走向世界！这样一来，儿子的眼睛忽然亮了，对，我要冲出宁波，冲向世界。慢慢地我发现儿子把房门也打开了。这时我们俩会心一笑，心想，儿子的自信又回来了，有希望了。

动力二：持续激励

这一点我很有体会，每当儿子考试失利时，我总是说：太好了，你终于把漏洞给露出来了，现在我们只要把这些漏洞补上，就万无一失了。他妈妈马上拿出手机，把试卷上的错题拍下来，存入电脑，然后按类整理。这时儿子就上场了，卷起袖子，满怀信心地做了起来。我们俩给他关上房门，就放心出门去买菜和买水果了。

你看，一样是考试失利，我们大多数的家长总是埋怨孩子考这么点分数，却从来不教给孩子学习的方法。你越骂，他下次考试越差，因为你把他仅有的一点信心都骂丢了，你说下次考得好吗？我们只有与孩子一起心平气和地度过一个个激流险滩，他才会有战胜困难的勇气。

所以每次家访或在与家长的各种形式交流中，我总是把重点放在家长身上，因为只有家长的观念和方法改变了，才有希望改变他的孩子，否则的话，你不要做梦了。我在家访时，一看孩子的房间，看看有没有不适宜的东西；二看孩子的父母，看看他们是否诚心诚意接受我这次的家访。要是他们有抵触情绪的话，那我会跟他们拉家常、套近乎，尽量与他们亲近一点。在我的真心实意感召下，一般的家长都是慢慢话多起来了，态度热情起来了，这时我会不失时机地说出这次家访的目的，并要求他们配合哪些工作。于是家长就在不知不觉、轻松愉快的环境中接受了，我也顺利地完成了家访。

虽然我很多年不做班主任了，但我深深地知道：每一个老师都是德育工作者。我早上到校比较早，所以有更多的时间和孩子们接触，有时对班里的事情管得比班主任还多。由于今年搭班的班主任是从边远的内蒙古过来的高中女老师，所以带班风格跟我们这完全不同。北方人非常豪爽，不喜欢"居家型"管理班级，可我们这儿的孩子都是留守的外地生，纪律上问题挺大。我任教这个班的语文和道德与法治，为了和班主任一起整顿班风，于是我不顾自己体弱多病，每天早上帮她看班，一有时间尽量待在教室里，生怕那几个调皮的孩子搞出什么事情来。孩子们也把我当成了他们的班主任，班里有什么事情也会主动向我汇报，我也尽量帮她处理一些事情。一个班级就像一个家庭，我也是这个家庭的一员，有责任一起建设这个大家庭。

特别是班主任出差不在学校的时候，我更是忙得团团转。既要上我自己的课，又要代班主任负责好纪律、卫生、安全等。隔壁班的张老师跟我开玩笑说："你俩到底谁是班主任啊？怎么老是看见你在班级？"我说："年轻人事情多，这里培训，那里听课的。我一个糟老头子，反正闲着没事，多做一点无所谓。"

是啊，我们年轻的时候做班主任是没有钱的，后来每个月也就十来块钱，照样做得津津有味。现在有报酬了，而且不是一点点，班主任之间的差距越来越大，有的勤勤恳恳、尽心尽责，但有些班主任真的是很少管理班级，班级纪律差也不整顿，好像与自己无关。所以说加强有些老师的责任感已迫在眉睫了，不然这样下去，学将不学，教将不教，成何体统？

每当我看到那些不负责的班主任，我就恨不得自己去给他们做个榜样。但仔细一想何必呢？还以为我倚老卖老呢！说实话每学期申报班主任的时候，我的确心动过，想为学校做点贡献，但无奈自己年纪大了，又体弱多病，想想还是算了。

现在的学生很难管理，有时候管也不是，不管也不是，管得严了怕出事情，不管的话，做个佛系老师，自己没事，但学生事就越来越多了。都说中国的教育越来越卷，出了一个做坏事的蛀虫，就一棍子打死。教师每天提心吊胆、战战兢兢。试想，跪着教书的老师教得出硬气阳光的学生吗？鲁迅早就一针见血地指出了中国的问题——奴才做官，那么他当官的当然喜欢奴才，试问这样的教育能有出路吗？习近平同志对教育是高度重视的，相信在各级领导的重视下，中国的教育路会越走越好的！

动力三：感恩

每当儿子成绩有所下降时，他第一个想到的就是难以向爸爸妈妈交差。他想，爸爸妈妈为了我这么辛苦，而我在这里得过且过，太差了，太对不起他们了。

这个时候我总会对他说："儿子，不放弃就有希望！"这是我在他高中三年重复概率最高的一句话，因为我知道，考得不好，他已经很难过了，我不能落井下石，在他伤口上撒盐。我要千方百计安慰他，尽量找一些轻松愉快的事情讲给他听。东家长西家短，话题总是有的，因为我在来学校之前就已经想好了许多话题，准备好好安慰他，哄他开心的，或者干脆叫他一起去菜场或超市买菜，缓解他的压力。要把压力化为动力，古人尚且知道化干戈为玉帛，那我为什么不能呢？俗话说：敌人的敌人就是我的朋友。我们边走边聊，从同学聊到老师，从英国的中情七局聊到苏联的克格勃，从姚明聊到贝克汉姆，天南海北无所不聊，聊得他神采飞扬，这时考试考砸的事情早就丢到爪哇国去了，还有什么痛苦可言呢？

聊着聊着一会儿就到傍晚了，我说："儿子，走，我们打球去！"儿子高兴得手舞足蹈，连忙把篮球专用眼镜戴了起来，蹦蹦跳跳地去学校打球了。在篮球场上，只看他身如蛟龙、排山倒海、腾挪自如，"得其所也"。我虽然打不来，但陪在旁边假装内行，帮他捡球。儿子打球什么都好，就是球鞋太费了，每个月一双球鞋必备，即使是在网上买也挺贵的，但挣来的钱就是花的呀，早点花还锻炼了身体，何乐而不为呢？此时不用更待何时？这样一来，他妈妈大手一挥，买，而且一买就买两双。看我爱人也是够大方的，对儿子买衣服之类的事情从不迟疑，有求必应。我更是拍手称快，极力怂恿多买几件，反正买得多有时还可以打折，便宜啊！这时我儿子是满心欢喜，我们一家都开心地笑了，还有什么烦恼可言。心情好了，任何事情都好办了。我们一起从错题上分析原因，寻找对策，问题也就迎刃而解了。

儿子十八岁的时候，为了更好地激励他在大学里好好读书，当他说要用自己打工挣来的钱和奖学金买一台苹果笔记本电脑、一部华为手机时，我们欣然同意，后来又给他买了一台戴尔的台式电脑，他说写代码台式的更好用，只要是他提出来的，我们都尽量满足。不过儿子也的确很懂事，用自己打工挣来的钱给我们买球鞋，给爷爷、奶奶、外公、外婆每人包了个大红包。奶奶开心得几天睡不着觉，逢人便说："我孙子考取了清华大学，真有出息。这一次还给我包了个大红包！"着实让她乐翻了。

小学二年级时，有一天早上，儿子和他妈妈一起走着上学去，碰到了他的同班同学小周。这是一个单亲家庭的孩子，妈妈早早去上班了，最近都是一个人来上学的。儿子看到她走在前面，急忙跑过去把他妈妈刚给他买的两个热气腾腾的包子给了那位同学。妈妈问他："你早餐还没吃，怎么两个包子全给掉了？那你吃啥？"他指了指手中喝过的牛奶，乐呵呵地说："我同学又小又瘦，太可怜了！我喝牛奶呀！"爱人跟我讲这件事的时候，我真是感动得热泪盈眶，小小年纪就这么有爱心，今后必定爱满天下，成为一个典型的爱心人士。这时，我就想到了香港歌星张明敏的《我的中国心》，就顺势叮嘱他：今后你无论身在何处，都要怀着一颗感恩的心，把我们中国人的传统美德带到世界各地去，让世界充满爱。儿子，你知道吗？在这个地球上，在非洲大陆，还有几亿小朋友面黄肌瘦，挣扎在贫困线上，他们是多么需要我们伸出援手啊！将来你有机会和能力的话，要像爱心人士陈光标那样，多造一些爱心学校，多捐一些善款。虽然我们无法改变这个世界，但我们可以尽己所能捐一本书，捐一天工资，捐一架电子琴，多买一点福利彩票，多参加一些爱心慈善活动。只要我们尽力了，我们就问心无愧。一个人的能力有大小，财富有多少，富豪们应多捐一点，而我们则根据自己的实际力量实现我们的心愿。前几天在绿道上走路锻炼时，我看到一个爱心人士每天早晚拿着猫粮、水来喂那里的一只流浪猫，有时候猫跑去树林了，她就到处寻找，急得团团转，有时实在找不到，她就悄悄地把买来的猫粮存放在那里，依依不舍地看着猫经常出没的地方。你看我们中国人多有爱心啊，对一只流浪猫尚且如此，更不用说对一些身处逆境的同胞了。

动力四：抵御诱惑

抗拒诱惑，你才有更多的机会达到一个高的目标。

——车尔尼雪夫斯基

学习是一个系统工程，影响学习成绩的因素有许多，尤其在当今社会，孩子受到的外界诱惑是前所未有的。电话、电视、手机、MP4、电脑……这些科技"天使"铺天盖地地蜂拥而来，它们为孩子呈现了一个五彩缤纷的世界。如果孩子不能学会抵御诱惑，就会深陷其中不能自拔。

现在的学生，就生活在这样一个充满诱惑的世界里，而学习又讲究宁静致远、心如止水的环境，这个矛盾怎么解决呢？且看下面：

买球风波——年幼无知

小学六年级的时候，儿子担任班长。那时盛行溜溜球，五颜六色，光彩夺目，有几块钱一个的，有几十块钱一个的，甚至还有上百块一个的。我儿子彻底地被迷住了，心想："要是我也有这样的溜溜球，那该有多好啊！对，我是班长，班长嘛，就要什么都带头，我干脆在班里举办一次溜溜球比赛。"由于虚荣心在作怪，他想：几块钱的溜溜球太差劲了，我看不上，几十块的，好像也不过如此，得上百块的那种红里透黄、黄里透亮的才好，漂亮极了，肯定好使。可是，钱呢？诱惑实在太大了。

悔过书

上个周末，我干了一件不可饶恕的事。在那件事之前，我看上了一个"悠悠"溜溜球，需要200元。但是我只有20元，怎么办呢？怎么办呢？不买吧，又不想失去这个球；买吧，我又没有那么多钱。我在储蓄罐里使劲找着，可就是找不到200元。向爸爸要吧，他肯定不同意的。

周五晚上，我看见爸爸皮夹里有鲜艳的大红色纸币，那是百元大钞。我的脑海里不断涌现"悠悠"的身影。第二天早上，我特地等爸爸妈妈出去之后蹑手蹑脚地走进了爸爸妈妈的房间。我将皮夹拿出，看到三张100元。我拿出两张，想到可能会被爸爸批评，我又放回去了。但"悠悠"的样子又开始在脑海里闪动。拿，还是不拿？我又把手伸进了皮夹，但是，爸爸妈妈生气的样子又浮现在我眼前，我又放了回去。我想着别人玩溜溜球的场景，苦苦思索。突然门外传来了钥匙开门的"咔嚓"声，我飞快地拿出了200元，将皮夹放回了衣袋中，躲进了厕所。我提心吊胆地把钱放进口袋，装作没事一样走了出去。在去买早点的同时，我买下了那个"悠悠"。这球虽然好，但我拿在手中感觉十分不安。但两天后，爸爸没反应，我就放心了。我同时在想，以后再也不拿了，太恐怖了！可我克制不住，又干了一回。我成天心惊胆战，这样的日子真不好过，不如退了算了，可小店老板哪肯退啊！

我所担心的事终于还是发生了，爸爸妈妈发现丢了400元！我外表的镇定压制住了内心的慌乱，希望他们认为是自己弄丢了的。家里就三个人，妈妈开始问我，我瞎编地回答，不敢喘大气。谎言终究是瞒不过的，我被她的问题问蒙了，一句话也说不出来。

爸爸妈妈，对不起！对不起！偷东西，是不对的，我不应该这么做。偷爸爸妈妈的钱，更加不对。爸爸妈妈辛辛苦苦地把我养大，任劳任怨地工作，我却干出这种事，我都恨我自己了。一个人往坏处学，那不是越学越坏？我后悔不及，以泪洗面。一个人思想不好，学习再好，知识再渊博又有什么用？如果社会上人人都像我这样，那岂不是成了小偷世界？小时候偷得少，长大偷得多了，那就完了！蹲监狱，吃官司，受苦刑，如果现在不改正，不仅断送了自己的前程，还有可能断送了后代！物质和灵魂，哪个重要？世上若没有物质，灵魂也就没有了；但若没有灵魂，而只有物质，那比什么都没有更可怕！灵魂比物质重要，好的思想当然比钱重要。明明道理都是懂的，可在事情面前却还执迷不悟。这说明我还不能完全抗拒诱惑，还是想得到利益。

我作为一班之长，怎能做出这种事？我要牢牢地记着思想的重要性。思想上的失败，才是真正的失败。我不甘于失败，我要悔过自新，做一个品德高尚的人。在前行的道路上，永不忘道德的可贵！

事后，看了儿子的悔过书，想想事情的来龙去脉，我们俩也反思了，其实这件事我们大人也有错。我就对他妈妈说，主要是我们平时把钱收得太紧了，今后要应给尽给，让他也有自己的空间。

学习游泳——应对中考

宁波的中考是要考游泳的，而我儿子游泳还是小时候自学的，狗刨式，要参加中考得学一学。我让他在镇海学，他说人太多了，思来想去还是回来学吧，因为我们这里中考不考游泳，所以游泳池的人不算多，于是我赶紧跟少体校游泳教练——我高中同学联系。他说，一句话的事，你带儿子过来吧。我立刻开着车把儿子送到那里，老同学正在训练几个孩子，他们改天都要代表平湖去外面参加比赛，所以他看着儿子试游了几下，纠正了几个动作，就让他自己练了。教练就是教练，不一会儿儿子就游得有模有样了。谢过老同学，我们就打道回府了。

这次送儿子去游泳，我无论如何也要找个熟人帮忙，不然又要碰一鼻子灰不可。儿子去了三次之后就很像样了。准备中考怎敢马虎，儿子的事就是头等大事。一切为了孩子，为了孩子的一切。中国家长就是这么伟大。体育中考前，为了复习，又去了一次，正是发育的年纪，发现力气长了，速度也快了，应该没问题了，这时才敢送他上战场。过了几天，体育中考如期而至，儿子顺利地通过，打电话向我们报喜，我们这才放下了忐忑不安的心，露出了满意的笑容。

中考的胜利，为儿子接下来的文化考试树立了信心，本以为还要参加中考，结果，作为提前保送生无须参加文化课考试直升高中。天下哪有这样的好事，结果我们还真的碰到了，你说能不高兴吗？为犒劳儿子，当天晚上我们一家三口就去了牛排店，一路上谈笑风生。

英语好坏——全靠动力

儿子的英语一向比较弱，这也是男孩子们的通病。当然，这是跟其他学科相比。刚去蛟川书院时，由于英语不够好，兴趣班被分在B班，而A班才是儿子的目标。为了提高儿子学习英语的兴趣，我们真是绞尽脑汁，但一筹莫展。这时，学校正好有六个去新加坡留学的机会，而儿子也较感兴趣，但要求英语必须一流，于是我们开始了英语攻坚战。

先去拜访英语老师王老师，请她帮我们想想办法。她提出专题训练，集中力量打歼灭战。我还厚着脸皮，希望王老师在我儿子做好题目后帮忙看一下。王老师尽管比较忙，但还是爽快地答应了，要求我儿子每周一拿过去给她看。经过一段时间的专题训练，儿子的英语成绩有了一定的进步，兴趣班也顺利由B班升到了A班。俗话说得好，事在人为，奇迹是可以创造的。本来，英语对于男同学来说学不好，主要是不肯背，而女同学在这方面就占了优势。这样看来，我们蛟川的老师真是大公无私啊！一切为了学生，为了学生的一切。

为此，在我儿子高三毕业时，爱人应学校之邀，代表这一届全体学生的家长做了发言，对老师们的高风亮节进行了大力表扬。那场面至今历历在目，仿佛就在昨天。会场庄严肃穆，非常隆重。轮到爱人发言时，我儿子手捧鲜花，上台献花，再鞠躬致礼，然后一个紧紧的拥抱，场面堪比中央电视台的颁奖晚会。你想，台下是镇海中学2017届的全体学生和学生家长代表，台上是学校的领导和老师，对于没有见过大场面的人来说，的确是个不小的考验。为此，我爱人不知准备了多少次，把我当观众，让我给她点评。事后她说，由于工作太忙，没有把发言稿背出来，我说已经很不错了，落落大方，声音响亮，激情澎湃，学生很受鼓舞，还有什么不满意的呢？你看，这个世界就是这样，只要有方法、有动力，再难的路也能闯过去。

电脑闯祸——麻烦上门

高二时，儿子与数学老师有了矛盾后，他就叫我开通了网络，准备自学。我跟他约法三章：一是尽量少用，把电脑当作字典查；二是不能给同学玩；三是不准打游戏。然后我就回家去了。虽然儿子口头答应了，但我还是不太放心，毕竟网络诱惑太大。

隔了几天，他同学的家长打电话来了，说他儿子周末为了玩电脑，晚上睡在我家。我一听火冒三丈，这还了得，好心办坏事了。我们俩开车直奔镇海，虽然儿子支支吾吾，承认有此事，但我总是不放心啊！要是因为玩电脑荒废了学业，可不是闹着玩的。于是我又语重心长地跟儿子讲来镇海求学的初衷，说你这位同学这时已经被北大预录取了，我们还八字没一撇了，不能看他样的，他上北大可以降六十分，而你谁来给你降呀？更何况爸爸这个电脑是向单位借来的，弄坏了怎么办呀？而且夜不归宿是违反学校纪律的，被学校知道了，那肯定是要处分的，到时你也脱不了干系，所以碰到他，你就说自己被爸爸批评了，不要来了，我爸说了，下不为例，再发现一次电脑马上收回，相信你同学这么聪明的人，肯定会理解你的。

经过一番思想教育后，我没有把电脑收回，因为玩游戏的是他同学，不是他，我相信我儿子这点境界还是有的。游戏诱人，我们要自觉抵制无节制地玩。我承认游戏有开发脑力的功能，但害处也不少，对中学生来说恐怕弊多利少，所以我总的来说还是反对的，因为很少有学生能有节制地玩，玩着玩着就失控了，甚至有报道说，中学生玩电脑猝死在机房里，听听都害怕，所以我对儿子用电脑是有约束的。但事物都是一分为二的，自从有了电脑后，发现他由于过分依赖，就少动脑筋了，对高深一点的题目他越来越不会了，因为答案都是查出来的，所以当高三全国联赛一结束，我就赶紧把电脑拿回平湖，以免节外生枝。

手机惹祸——心不在焉

前年由于疫情，儿子只能在家里上网课。虽然是大学课程，但公共课我也感兴趣，听得懂。儿子知道爸爸今晚要陪他一起听课，早早打开上课的网页，又搬了把椅子放在他旁边，排排坐，同上一堂课。第一次享受这么高大上的课，这感觉真好。

这节课是清华大学国家治理与全球治理研究院首席专家、国情研究院院长、公共管理学院教授、博士生导师胡鞍钢给他们讲。刚开始我俩都听得很认真，没过几分钟，儿子就去翻看手机了。我就问他：难道其他同学也这样吗？他竟然回答："是的！"我听了真是七窍生烟，这么优秀的学校，这么优秀的学生也玩手机，真是令人痛心啊，人家孩子我管不着，可你是我的儿子啊，这事一定得管。但二十来岁的小伙子自尊心特强，怎么办呢？我决定先冷处理，他也算给我面子，耐着性子听完了课。课后，我欲言又止，生怕惹恼了儿子。儿子难得在家里待上几天，我若婆婆妈妈引来不满意怎么办，最后还是旁敲侧击叮嘱他：上课认真听，不要玩手机。他说，专业课不玩的，就公共课上有时看一下！我说，公共课也是课，这些知识连我都想听，难道你就不想听啊？听一听对你有好处，比如平时写作，甚至找工作时都用得着，更何况这么著名的专家给你们讲，肯定水平不低。我是连做梦都想听这样的课，你不要身在福中不知福，传出去会损害你们学校形象的，爸爸妈妈相信你会好自为之。

第三章

花香春满园

花香春满园

　　我儿子的兴趣爱好非常广泛，竹笛、长笛、葫芦丝、电子琴、书法、美术、七巧板、象棋、围棋、奥数等样样都会，有些还获得了奖呢！比如在幼儿园时，他获得过"科技小制作"平湖市三等奖、"七巧板创意活动"平湖市二等奖。七巧板比赛要求是这样的：按给定的图形轮廓拼七巧板，然后把拼法画下来，再自己创意拼并画下来。全部完成，谁正确率高而且用的时间少就是胜者。经过学校层层选拔，确定人选后，对这几个孩子进行集中训练。拼七巧板真的是既拼智力，又拼速度。这种开发智力，又培养动手能力的活动，为他后来学习数学不管是画平面图形还是几何图形，都奠定了扎实的功底。因此家有小朋友的，建议孩子玩玩七巧板，可以辨别颜色、认识图形、扩散思维、拓展想象空间等。另外，他的美术作品曾荣获过国际铜奖，硬笔书法获得过平湖市一等奖，毛笔书法获得过平湖市一等奖，还多次获得过"平湖市青少年宫优秀学员"称号。自从上小学第一天起，他每天坚持写作文，还积极投稿，在各类报刊上发表四十余篇佳作。我相信有付出必有回报。

　　这么多的兴趣爱好，不仅给儿子带来了很多荣誉，更为他参加公益活动如虎添翼。有一次平湖市青少年宫组织部分学员去新埭西六村送戏下乡，他也是其中一员。他的姑奶奶就在这个村。笛声一响，姑奶奶左看右看，感觉似曾相识，原来是自家的亲戚小孩在吹，一下子满场的人都知道了他的身份，弄得他有点难为情。

他还多次与书法老师一起参加市里的公益活动，有时在大润发超市，有时去华润超市，甚至还去过较远的乍浦，为那里的居民写春联、送春联。虽然小小年纪忙得不可开交，但他却不感到累，乐在其中。

是啊，这些看似与文化课无关的兴趣爱好，最后成就了儿子走进清华。因为儿子获数学联赛全国一等奖，有了入围清华的资格考试，并成功圆梦清华。你看，小时候为奥数而奋斗，长大了通过奥数取得的证书成了清华的敲门砖，这是一种什么感受呢？我想其中的体验和各种滋味，只有经历过才明白。

父子对弈——善于装弱

今天上午，我和爸爸下了两盘象棋，结果是我大获全胜，连赢两局。特别是第二局给我留下的印象最深刻。我先用"炮"把爸爸的两个"兵"吃掉，可是爸爸却用"炮"打掉了我的一个"象"。我心里一慌，但仔细一看，发现了一步好棋，来了个调虎离山之计。先用我的另一个"象"，把爸爸的"车"引出来，当他要吃我的另一个"象"时，我偷偷地用"马"把他的"车"吃掉，使他失去了一员大将。我又想办法把爸爸的棋堵在左边，使他右边兵力非常空虚。最后用一个"车"和一个"炮"盯住了他的"将"。这时候，只看见爸爸瞪大眼睛，左看右看，然后用左手往上挤了一下鼻子，又推了一下眼镜，两眼盯着棋盘发愣。爸爸终于举手向我"投降"了！

这是儿子在一年级时写的一篇发表在《小学生阅读报》上的作文，把我们父子俩下棋的情景写得活灵活现。那时我自己对象棋也不太在行，勉强能指导儿子。有时，为了提高儿子的下棋兴趣，我就故意输给他，所以善于装弱，也是做家长的一种大智慧。你想，孩子老是输的话，还肯跟你玩吗？换作你自己也是这样。这时就需要我们家长悄悄地、不动声色地让孩子赢，这样他一跳两丈高，一天到晚找你下棋。

下棋如此，做其他的事情也是这样，我们做家长的初衷是要提高孩子的能力，赢不赢对你来说无所谓，但对小孩子来说是原动力。我们要保护好他的原动力，不是说兴趣是最好的老师吗？只要能提高他的兴趣，你怎么做都可以。想当初，我花了几十元钱从大连买了个子弹头做的飞机，回到家一个小时就被儿子整得稀里哗啦，爱人看了很痛心，我看着却很开心，为什么呢？因为我发现散架之后，儿子趴在地上，想方设法把它装起来，这是儿子高级思维的体现，有创造发明的潜能。怎么会不高兴呢？我们有些家长就知道钱，这个飞机多少钱，这个玩具多少钱，钱能买到子弹头的飞机，但买不到孩子的创新能力，所以说钱不是万能的。

欢乐宝贝——脱颖而出

五年级的那个暑假，儿子参加了由平湖电视台、平湖教育局组织的"邦和杯"平湖市首届"欢乐宝贝"评选活动，过关斩将，荣获了"幽默宝贝"的殊荣。

平湖电视台的《欢乐正前方》节目组对这次活动进行了全程录播。既然儿子报名参加了，就好好准备认真对待，我们俩就做好儿子的助手。层层筛选出来的十二位选手，又进行了才艺比赛，有个人介绍、评委提问、脑筋急转弯、知识问答、团体游戏、小组合作表演等。儿子在美术老师的指导下，从环保的理念出发，在我们的配合下，用绿色的美术纸、环保袋、树叶设计了一套环保服，穿在身上别具一格。由于他皮肤黝黑，长得像美国前总统奥巴马，于是他就在这次节目中扮演了一个关心人类环境的奥巴马，借助奥巴马的形象进行了精彩的表演，再是三人自由组合编排一个节目。

我还清楚地记得跟他合作的同学。男孩是叔同小学的蔡煜辉，女孩是一个来自中国台湾的同学，叫黄玫雅，三人都是学乐器的，所以他们三个经过商量后，用乐器合奏《紫竹调》。从一开始的毫无表情、自顾自演奏自己的乐器，到后来的眼神交流、配合默契，三个孩子排练时下了不少功夫。

正式比赛，音乐声起，先是蔡煜辉的二胡拉得浑厚柔和，一派江南秀丽的景色；再是我儿子的笛子声悠扬嘹亮，仿佛进入了春天的美丽风景中；接下来是黄玫雅的古筝弹奏，清脆悦耳，简直把台下的观众带入了仙境。此曲只应天上有，三个小孩的演奏非常成功，下面的观众评委如痴如醉，掌声不断。少年宫的王老师给他们这一组的点评是：三人配合相当好，融古典和现代于一体。评价极高。东湖小学波波老师的评价是：很有特色，不落俗套。我在台下也看得入了迷，心想：小孩子的潜力真大呀！我儿子今天的笛子吹得比平时还好。是呀，儿子的竹笛吹奏水平在我们这个小地方有点小名气；蔡煜辉的二胡是跟上海音乐学院附属中学的王尔德教授学的，哪有不好之理；中国台湾小女孩黄玫雅的古筝弹得也是无懈可击。你说这个小组不得第一的话，叫谁得第一呢？最后他们三个人经过通力合作，摘得桂冠。

十二位选手最终有六位宝贝被评为"欢乐宝贝"，我儿子也如愿获得了"幽默宝贝"的称号。

阳光少年——一鸣惊人

一年一度由平湖市青少年宫举办的阳光少年比赛，我儿子连续参加了两届。

每年的阳光少年比赛，时间都放在暑假。那是考虑到学生们只有假期才有空，有更多的时间准备，更多的同学参加活动。

儿子四年级时，他妈妈得知青少年宫举办的阳光少年比赛正在报名中，参赛表格已经发到各校音乐老师那里了。于是我鼓励他试试看，一来想练练胆，他胆子不大，在同学等熟悉的人面前还行，但遇到不熟悉的或者是陌生人总是羞答答的；二来想看看他的才艺究竟学得怎样，锻炼一下，见见世面也好。他大概是心里没把握，只是勉强答应参加。

于是，妈妈就让他自己去音乐老师那里拿报名表，结果他倒好，第一天说忘了，没去艺术楼找音乐老师。那好吧，明天记得去哦！其实妈妈去找她同事拿表格是很简单的事，但就是要让儿子自己去拿，说明这是儿子主动报名的，不是爸爸妈妈硬逼他报的。第二天回来，说今天太忙没时间去找老师。哎，怎么这么难呢？姑且相信你吧！妈妈继续鼓励他："明天一定要跟音乐老师要哦，否则后天就周末了。"第三天报名表终于领回来了。太不容易了！

　　晚上，我们就对照报名通知跟儿子商量，到底报什么项目。儿子说："器乐和书法吧！"我说："好呀！"妈妈说："儿子，你看哦，这里这么写的，如果报三个不同类的项目都获奖的话，还可以评选综合实力奖，就是三个奖项加起来看谁最厉害。"我说："可以试试！"儿子挠着头，说："我其他感觉都不太行，又没学过舞蹈！"妈妈说："你不是竞选大队长演讲过的嘛，你就报个语言类的演讲好了！"我知道爱人的意思，想让儿子锻炼一下，挑战一下自己！我说："妈妈说得对，儿子，这个可以的，我们都可以帮助你排练！"就这样要么不参加，第一次参加一下子就报了三个项目。

　　一放暑假，我们就忙碌起来了。儿子和书法老师一起选好要写哪些字，准备写作品的纸。因为书法是要现场写的，毛笔、墨自带，所以赛前先多练几遍，让书法老师多指导指导。儿子也很努力，那时候每天练得比平时多。

　　去琴行学习竹笛，和俞老师选定了比赛的曲目，平时在家练习，去上课的时候，看老师是否有空，因为我们不是一对一上课，老师不可能为了你一个人而耽误其他人的课，于是就见缝插针地吹给老师听，请他帮忙点拨一下。

　　还要参加语言类节目，就是准备演讲稿。于是和语文老师商量选择什么题材比较好，因为是"电力杯"阳光少年才艺大赛，是平湖市供电局协办的，所以我们一致决定选择"节电"为主题进行演讲。大家齐心协力准备好演讲稿，就开始排练。背稿子，语音、语调、神态、动作等，一一进行把关，比赛前特地去青少年宫台上彩排了一下，怕儿子到时候一紧张，啥都忘了，如果这样岂不适得其反，受到惊吓，以后再也不敢上台就麻烦了。多准备准备，多练练，心里踏实，只要过程是完美的，就是成功的。

　　经过充分准备，儿子的书法、笛子、演讲有了很大的进步，说真的，到这步，比赛结果已经不重要了。意想不到的是，儿子报的三个项目竟然都获了奖。演讲比赛居然得了一等奖，器乐比赛二等奖（笛子类第一），书法比赛第三，真的是可喜可贺，硕果累累啊！各项比赛成绩出来后，仔仔细细看了一遍，发现没有一个选手是三个项目都获奖的，我想这下子儿子的综合实力肯定第一了。

　　结果后来这个综合奖取消了，不知道是不是因为，除了我儿子，没有其他选手参加三个项目，这事也就不了了之了。虽有点遗憾，但对儿子来说收获很大，我们已经心满意足了。虽然准备比赛的过程很辛苦，但提高了水平，锻炼了能力，儿子也变得越来越自信了。

　　五年级暑假，就不用我们给他做思想工作了，他真正做到了主动报名。这个假期对我儿子来说真是太不平凡了，他既要参加由平湖电视台、平湖教育局组织的"邦和杯"平湖市首届"欢乐宝贝"评选活动，又要参加阳光少年比赛，有时忙得饭都顾不上吃，有好几次我们给他拿到训练房去吃，抓紧吃好后，又开始排练，的确忙得团团转。他忙，我也忙，跟着他转，一会儿送他到电视台，一会儿送他到少年宫，来回奔波，累并快乐着。想想儿子这样努力，将来一定有出息，谁不乐呢？有时免不了一个人笑出声来。

付出总有回报的，儿子获得了"邦和杯"平湖市阳光少年才艺大赛器乐组二等奖（笛子类第一），同时获得了"邦和杯"平湖市首届"欢乐宝贝"六大宝贝之一——"幽默宝贝"奖！

运动会上——长跑夺冠

儿子从小体弱多病，所以爱人把他托付给校体训队的李老师，跟着体训了两年，体能明显上来了，身体素质也有了很大的提高。四年级时召开学校运动会，儿子报了名，想不到收获了400米的冠军，真是可喜可贺。这归功于体育老师李老师的长期关照，当然也离不开他自身坚持不懈的努力。

进入中学后，儿子的体育成绩直线上升，身体素质越来越棒。他妈妈看到他身上的一身肌肉，惊讶不已，说："这么发达的肌肉，我只有在电视上看到过！"是啊，中央电视台健康栏目的主持人讲过，运动可以代替药物，但药物代替不了运动。生命在于运动，这话一点也不假。

初三运动会时，我儿子报了1500米长跑比赛，经过顽强拼搏，竟然获得了冠军。他和其他体育特长生还代表学校参加了镇海区的长跑比赛。后来体育老师找到了他，跟他说，你练一练，可以达到国家二级运动员标准，以后可以考体育学院。儿子问我怎样？我说，你这个水平还不行，起码得国家一级运动员，而凭你的素质想达到一级运动员，那是很难的，所以如果报考体育学院的话，也只能上一些地方上的重点大学，比如杭师大、浙师大之类的学校，你要去吗？听了我的分析之后，儿子决定放弃。但不管怎么说，儿子的身体素质为今后的高考创造了有利条件，因为高中是脑力和体力的拼搏，如果身体差，常年伤风感冒，整个人昏头昏脑，那怎么读书呢？而身体素质好的人，整天神清气爽，学习效率也特别高。

据说，接下来大学的招生都要考体育，中考是早就实施了，可见体育越来越受重视了。搞科研，如果没有一个强健的体魄也是不行的，因此施一公、钟南山等科学家，尽管工作繁忙，但还是千方百计进行锻炼。西湖大学校长施一公是每天长跑六公里，钟南山把跑步机放在床头。看，这么大的科学家都在锻炼身体，难道你比他们还忙吗？难道他们是自讨苦吃吗？显然不是，他们是在为长期科研做准备，所以我们一定要千方百计抽出时间来进行锻炼。现在人们的意识虽然已经改变，都重视锻炼了，但锻炼的质量也要提高，要讲究方法，讲究效益，相信在不久的将来，我们个个能成为运动达人。

篮球风波——终生难忘

记得有一次学考前，同学们都在教室里拼命学习。当然也有个别同学天生强大，一点也看不出紧张，球照打不误。

那天，我儿子正好经过球场，看几个同学篮球打得起劲，心里也是痒痒的，但他胆子不大，所以只站在边上看，而没有动手。这一看不要紧，被教导处一位领导看到了，气得他七窍生烟，在这么紧张的时间里竟然还有人在打球，真是冒天下之大不韪。

于是领导把打球的、看球的一股脑儿抓到了办公室，儿子解释说自己没有打，正在气头上的领导，哪顾得上你打不打，决定"各打五十大板"，每人一份检讨书，马上在办公室里写，然后通知相关班主任。

当班主任把电话打到我这儿的时候，我真是气晕了。要学考了，居然还在打球。班主任要我马上去学校，我马不停蹄地赶到学校。在接受了班主任的批评后，我问儿子到底是怎么回事，儿子说他是被冤枉的，他只是看客，一副无辜的样子。我说，这件事无论你打不打球，肯定错在你，一是学考这么紧张了，你却还在球场上浪费时间，二是这件事说明跟什么样的人在一起，就会成为什么样的人。你跟打球的在一起，老师当然误以为你也在打球，所以远离才对，不能待在这个是非之地。他频频点头，即使一时想不通，相信这件事对他触动也是挺大的。

事后，我对儿子说："爸爸支持你锻炼身体，坚持每天打球，但你要看情况，忙的时候就要忍痛割爱，闲的时候可以跟同学一起打打球，当然也要适可而止，争取做到7+1>8，这是我们的约定，长期有效。"

儿子对篮球的喜爱真是情有独钟，初中天天打，高中偶尔打，上大学前的那个暑假，几个爱好打球的大一清华同学就组织了一个群，约了开学清华见，一起打球。儿子特别喜欢乔丹，所以买了有关他的书，对科比也挺有好感的，不过儿子是一个有节制的人，在学业和打球之间平衡得还是不错的。

上学迟到——要求陪读

　　儿子一个人租房在镇海，早上没人叫他起床，晚上没人提醒他睡觉，怎么办呢？开闹钟，但闹钟也不保险，万一不响呢？于是儿子就在我们给他的老年手机上设定了三个闹钟（之所以买老年手机，是因为我们认为只要能发信息、能打电话就可以了，功能越少越好，他就不会盯着手机玩了，不像现在的智能手机功能太强大了），所以起床时间一到，手机闹钟一响，吓都吓醒了。

　　如果迟到的话，那是要受惩罚的。怎么办呢？我和爱人商定：儿子早上醒来之后，给妈妈发一条信息，其实我们只要他发一个字"起"就OK，如果没发，表示还没起床，那就打电话催他起床；晚上自习回来打一个电话给我们，简单汇报，睡觉前再发一条信息"睡"。每天都这样，我们都尽力了，也只能这样了。不像有些家长陪读的同学，天不怕地不怕，反正有人叫，每顿饭都做好，有可口的饭菜，还有新鲜的水果，对我们来说真的是奢侈。

　　本以为我们已经做得很好，万无一失了。可是，正所谓人算不如天算。有一天早上，他虽然早早起床，也给妈妈发了信息，我们也放心了。但他觉得还挺早的，于是就打开昨晚剩下的那道数学竞赛题做起来，等做完却发现时间不等人，他连忙拿起书包直奔学校，结果还是迟到了！班主任打来电话，那天我正好肠胃不适，爱人陪我在医院看医生。老师说，今天你们儿子迟到了，要我们最好陪读。天啊！陪读？收入从何而来？我们两个都是工薪族，停了谁都不行。工薪族的特点就是吃不饱、饿不死，还得还房贷啊，根本没有多余的钱。我在批评了儿子的同时，反复向老师说明情况。也许是看我们可怜，说再出现一次就非陪读不可，否则不能在外面租房，只能搬到学校住。我把头点得像啄米的公鸡，连声称是。

是啊，我们都是做老师的，全班四十几个学生，如果都迟到了，那还上什么课呢？所以我是非常理解班主任的苦心的，我向他保证儿子以后不会再迟到了！实际上以后会不会出现这种迟到的现象，也不是我说了算的。为了保证儿子不会迟到，除了用我们原先的方法，我们还请隔壁阿婆帮忙。她孙女也在这个学校读，阿婆在那里陪读。我们把一个钥匙放在阿婆处，对她说，如果敲门叫不醒，就用钥匙开进去。这样保证万无一失。阿婆也是个热心人，爽快地答应了，我们特别感激她，也祝愿她健健康康、长命百岁！通过这件事，我由衷地佩服镇海中学严格的管理制度，由于管教严厉，镇中年年在同类学校中出类拔萃、永葆青春。

领衔主演——惊艳亮相

高中时，学校为了纪念一二·九运动，进行了年级舞蹈比赛。又是舞蹈，我担心儿子不肯参加，因为他小学低年级时就对舞蹈有抵触情绪。谁知，今非昔比，作为现在的副班长，为了迎接这次比赛，他竟然主动参加了。在学业如此紧张的情况下，有些同学虽然舞蹈功底不错，但不怎么想参加，怕影响了学习，作为班主任的得力助手，儿子一一动员，终于组成了班级舞蹈队。儿子自任领队在前面领舞，只见他生龙活虎、上下腾挪，好不灵巧，我们在网上看到他的舞蹈都惊呆了，想不到儿子还有这样惊艳的亮相，简直成了舞蹈家了。

我深深地领悟到，人的潜力是无限的，一是有了兴趣，他就会去追求，调动自己所有的能量，借助外界发挥出来。比如这次我们去安徽调理，碰到了一位医术高超的老中医，他看病的理念就是调动人的潜能，先是把血脉打通，再吃草药，最后是每天踩石头，把你全身的潜能都激发出来，把你深藏的能量调动起来，这样全方位立体式地协同作战，你说效果会不好吗？

我的毛病几乎全国各地的中医都看过，但都无能为力，偏偏这次碰到了他。他先帮我调肝，说我有肝硬化的预兆，因为肝是人的主要器官，就好比电脑的主机一样，主机一坏，什么都跟着坏，我觉得他这个比喻很形象。起先我还将信将疑，因为大多数中医都是纸上谈兵，而这位老中医身居山野，但病人络绎不绝，真是神了。听病人们诉说自己的过去和现在，我越来越相信他能治好我的病。因为他医德高尚，我还做了一面锦旗送给他，真的是大道至简，良医一枚。去了几次后，在医生和我自己的积极配合下，竟然慢慢地好起来了。我真是欣喜若狂，困扰我几十年的病痛就这样悄悄地化解了。

兴趣特长——成就梦想

孩子自己能做的事，就让他自己做，千万别替他去做。

——德国教育学家卡尔·威特

每个家庭都是一个小集体，麻雀虽小，五脏俱全。儿子上大学后，我们约定每周六进行视频，召开线上家庭交流会。昨天晚上如期举行。我还跟儿子开玩笑说："我们家是个牛棚，有三头牛。"儿子马上说："三头牛，那是犇好哇！"我说："那你犇1，我犇2，你妈犇3。"爱人立马反驳："为什么我犇3啊，我马上要奔五啦，我就做犇5吧！"一家人哈哈大笑。在我们家每个人都是官，儿子是学习部长，我是教育部长，爱人是后勤部长，我们各司其职，尽心尽力，坚持团结合作，迎来硕果累累。我讲得最多的就是：儿子在前线冲锋陷阵，我们在后面提供粮草，要想打胜仗，必须粮草先行。

每当选举班干部的时候，我总是鼓励儿子积极竞选班长，即使到了镇中，高手如云，也依旧坦然面对。儿子也挺争气，从小学到高中都担任班长，培养了卓越的领导力。下面请看他是怎样竞选大队委的，演讲如下：

相信我能行

尊敬的老师，亲爱的同学：

大家中午好！我是来自105班的×××。爸爸妈妈给我取这个名字是希望我成为天下第一，因此我平时严格要求自己，处处以身作则，乐于帮助别人，学习成绩名列前茅，兴趣爱好极为广泛。

在家里，我是个孝敬长辈、尊老爱幼的好孩子。我经常帮助大人干一些力所能及的家务，上学期还被光荣地评为学校的"孝敬之星"。

在学校里，我是个尊敬师长、团结同学、勤奋好学的好学生。我主动带队和领读，常常帮助有困难的同学解答问题，协助老师管理班级。由于我表现出色，经常得到同学和老师的好评。上个学期期末，我无比高兴地获得了"孝敬之星""三好学生""小小音乐家"和"围棋优秀学员"四张奖状。另外，在青少年宫也被评为"优秀学员"。我想这在全年级恐怕也是很少的吧！

我的兴趣爱好非常广泛。竖笛、横笛、葫芦丝、电子琴、书法、美术、七巧板、象棋、围棋、奥数等样样都会，有些还得了奖呢！比如我的七巧板在幼儿园时得了平湖市二等奖，美术作品荣获过国际铜奖和全国一等奖，书法作品获得了平湖市"孝敬杯"硬笔书法三等奖，还多次获得过少年宫"优秀学员"称号，为父母和学校争得了荣誉。自从上小学的第一天起，我每天坚持写作文，还积极投稿，我相信有付出必有收获！

同学们，老师们，为大家服务是我最大的愿望，使大家满意是我追求的目标。如果你今天投上我一票，明天我一定会以十倍的努力回报你，相信我，没错的！

上面是儿子一年级时竞选大队委的演讲稿，儿子如愿以偿当上了大队委的学习委员。我说这个职位好啊，是叫你带头学习，最实惠了。我意味深长地望着儿子说："今后你可责任重大啊！"儿子会心地点点头。从此，儿子把更多的精力放到了学习上，每天作息更有规律，睡觉前必看一小时的课外书，9点按时睡觉。一年级的第一学期，他在班里还不突出，也许是因为年龄最小，也许是因为上小学前没提前认字，入学的第一学期就学得特别忙；一个学期后终于适应了，也不感觉他比别人小几个月，他的学习、能力等各方面开始突飞猛进。他知道肩上的责任重大，不光要自己学习好，更要带领全班同学学好。的确，他们这个班级在三位班主任和优秀任课老师的努力下，在家长的大力支持与配合下，在全体同学的努力下，一直是小学里名列前茅的。到高考后，据了解：一人考取清华，两人去了浙大，一人去了中国政法……在我们平湖，一个小学班级里，能出这么多的人才，实属罕见。

第四章

家和万事兴

家和万事兴

一个榜样胜过书上二十条教诲。

——英国作家 罗·阿谢姆

在很多家长眼里，孩子身上全是问题。有的家长还会生气地跺脚大骂："我怎么生了你这么个不争气的孩子？我一天到晚，在外面累死累活，你就考这么一点分数，你对得起谁？你要买啥我都给你买，可你呢？一天到晚尽想着玩……"可是，这些家长有没有想过，为什么孩子身上会有这样那样的问题？这些问题从何而来？我们有没有反思过自身，会不会恰恰是我们自己，造成了孩子满身的问题？与大多数家庭不同的是，我们进行了以下尝试，效果挺好的。

一、确定主题，定期开会

会前我会给每个人布置任务，确定主题，比如住校还是租房问题。镇海中学由于是百年名校，寝室比较陈旧，条件较差，有很多学生到校外去租房住。针对这个问题，儿子说："人家都租在外面。我有几个同学初中时就租住在外面了，租房的好处在于学习时间上能灵活控制。"有道理，我举双手赞成。爱人说："好是好，回来还可以洗个澡，不用排队等，就怕你管不住自己，影响了学习怎么办？"也有道理！是啊，一个人住没有较强的自控力，肯定不行的，我总结陈词："综合起来看，你们两位都同意租房，那就租吧！不过我们得约法三章：如果租房对学习的确起到了一定的作用，那我们继续租；如果成绩下降了，那我们马上搬回学校住。"儿子喜笑颜开，高兴极了。

在高中生租房这件事上，的确公说公有理，婆说婆有理，各有利弊。有利的是，正像儿子说的，时间上自由了，对于写作业慢的同学，回去可以继续完成，还可以再复习巩固；不利的一面是，孩子毕竟是孩子，不可能一直非常自律，而且现在社会挺复杂，一旦交友不慎那就麻烦了。我儿子就在路上几次遇到过不三不四的社会混混，我一直叮嘱他：别理他们，他们有的是时间，你跟他们耗不起，不值得。所以每次晚自习回来，我儿子一直和同学结伴而行，小心翼翼，从不主动与陌生人打招呼，尽量少惹事，惹不起躲得起。

二、求学之路，自己选择

从小学四年级开始，我们就讨论要不要去外地读书，结果是他妈妈不同意，说儿子初中就出去，人太小，人生地不熟的，怕被欺负，高中再出去也不迟。我说："那咱们就投票决定吧！"最终二比一通过。

于是从五年级开始，我们就正式决定去外地读。但去外地读书必须具备几个条件，一是有潜力，二是自律，这两点缺一不可。我们俩对儿子经过五年级一年的考察评估后，认为他符合这两个条件，于是我俩报名学车考驾照，准备以后接送。六年级时，给儿子进行了学习和生活自理方面的强化训练：语文进行小古文的课外拓展，学习中考作文；数学进行奥数的思维训练；生活上学习洗碗、换床单、洗衣、洗鞋、整理衣物等。因此这一年，儿子不管是学习，还是各方面能力都有很大的进步。

经过报名筛选、笔试、面试，终于如愿被蛟川书院录取。开学报名第一天，班主任跟我们说："到这里的都是各校最优秀的，基本都做过班长，落差会很大，你们要有心理准备啊！"一了解，儿子的入学考试成绩在班级排第十九名，天啊，儿子的成绩在平湖是数一数二的，怎么到这里来就变成差生了呢？儿子悄悄跟我们说："不行，我要奋起直追！"我说："支持你！我们俩保证做好后勤工作，你在这里挣分数，我们回家好好工作挣钱，目标是一致的。"由于儿子有了危机感，真的非常努力，到第一次期中考试就排名班级第三了，天啊，进步了十六名。这可是高手过招啊，我的儿子真是前途无量。我对他一通表扬，然后决定暑假奖励我们一家人去西安旅游，带他开开眼界。再说西安是文化之城，底蕴深厚，初一的学生已读过历史，应该知道秦始皇兵马俑等历史古迹，所以这次文化之旅实在必要，可以让他了解中华民族五千年的历史，眼见为实，耳听为虚，以后书上再出现这些文物，儿子就不会陌生了。

从西安回来，我问儿子有何感受。他说："感受嘛，总有一点的，但也不多哦！""说说看。""我感受到了中华文明的悠久、伟大，感受到了祖国文化的丰富多彩，还感受到了……"他挠了一下头皮，一时答不上来，我说："还感受到了秦始皇的强大。秦始皇统一六国功不可没，他是中国历史上第一个实现大一统的皇帝。"儿子恍然大悟："哦，对啊，对啊！我本来也想要说的，被你说去了。"

三、友谊第一，比赛第二

我们家庭在2005年的时候被平湖市委组织部评为"市学习型家庭"。虽不是书香世家，但也是书香门第，三个人都喜欢读书、写文章。接下来我要讲一下儿子跟他妈妈写文章比赛的事。

三年级开始，儿子发表在各级报刊上的文章已有二十几篇了，于是就有点小膨胀了，点名要跟妈妈比赛写文章，看谁发表得多。妈妈虽然现在是数学老师，但也教过语文，所以写篇文章还不成问题的，可要发表就有点困难了。妈妈被儿子"逼得"没办法，只得接招。

于是两个人开始写作，我负责审稿和对儿子的指导，妈妈负责写作，还要打印成电子稿，再投稿。两人先各投了一篇，结果妈妈写的《给儿子的一封信》发表在《嘉兴日报（平湖版）》上，儿子的没有被录用，气得他直跺脚。第二个回合，儿子投给《南湖晚报》的《会"唱歌"的碗》发表了，他高兴得一蹦三尺高，在客厅里转圈圈；妈妈的石沉大海，杳无音信。第三个回合中两人的文章居然都发表了，妈妈的《感恩的心让他成长》发表在《教育信息报》上，儿子的《爸爸的二胡》发表在《嘉兴日报（平湖版）》上。你看，在这样的氛围中，你想不优秀都难。中国人是讲圈子的，你的圈子里的人，决定了你的未来，经过长时间的比赛后，他们两人的写作水平都突飞猛进。

家庭作文比赛，不仅让孩子学到了很多，拓展了知识面，锻炼了思维，也让大人"逼迫"自己和孩子一起努力，尝到了发表文章的那种成就感，还增进了彼此的感情，一家人其乐融融。尝到了发表文章的甜头后，爱人开始鼓励班内学生用数学的眼光观察身边的事物，数学联系生活，生活中处处有数学，指导学生尝试撰写数学日记，还鼓励学生看好书写读后感，把红色文化根植孩子内心。近一年她指导学生写的九篇读后感、数学日记发表在各级各类报刊上。她所带的中队获平湖市雏鹰红旗中队、平湖市文明班级、嘉兴市优秀中队、浙江省成绩突出中队等荣誉。你看，亲其师才能信其道，这句话一点也不假吧！

四、奋力拼搏，备战高考

高考，历来被大家认为是实现层层跨越的最好机会，过去称为鲤鱼跳龙门，非常神圣、庄严。我儿子这一届是浙江省高考改革的第一年。高考前，模拟填志愿，他叫我帮忙。我说："你的未来你自己做主，爸爸也不懂！"因为高考志愿那是实力＋运气，我儿子的实力我是知道的，应该已经具备了清北的实力，自从高三数学竞赛一结束，全力主攻文化课，进步还是明显的，但是谁也无法预测高考最后到底能考几分。所以八十个志愿任由他自己填，反正也是模拟，不算数的。

根据自己的学习情况，儿子的目标已经越来越清晰，就报包括浙大在内的六所学校的"三位一体"了，这样就简单多了。我爱人在两年之前就加入了一个浙江的高考家长群，里面"干货"也挺多的，学到了不少关于高考的门道。群里有浙大的教授，也有好几个"过来人"——孩子已考入名校的家长，他们在群里分享经验、高考信息，我们聆听他们和孩子这一路高考走来的得失，妈妈对照自己儿子的情况，反思作为家长哪些地方还需要努力。经历了模拟考和几校联考，儿子总体成绩还是可以的。既然群里有资源，妈妈就主动加了浙大那位教授的QQ，把儿子的竞赛、文化课考试情况，特别是联考成绩报给他，虚心向他请教儿子的这种情况"三位一体"应该报哪几所学校，如何填报志愿。教授真的非常热情，给我们仔仔细细分析了：儿子的这个成绩裸分也可进浙大，但建议向更高的目标——清北冲一下。这下我们心里就更有底了，也给了儿子足够的信心。

　　就这样，高考前，儿子报名了六所重点大学的"三位一体"；高考后，各重点大学就进入"三位一体"的笔试和面试。儿子自己的首选目标是清华，为此在清华笔试后，马上找了在清华学建筑的学长帮忙，请他把清华今年发生的事讲一下。无巧不成书，清华面试的时候真的考了韩国学生校园内骑电瓶车的问题。儿子事先已经思考过这个问题，面试时得心应手，同去的几个同学中，他的面试分最高。第二志愿是北京大学，他说有点虚，笔试时的题做得有点蒙，所以不做重点准备了。第三志愿是复旦大学，笔试和面试的成绩都很高。第四个志愿是国科大，他倒是蛮喜欢的，笔试和面试都过了。第五个志愿是上海交通大学，参加了高三寒假的"致远营"，他获得了优秀营员，笔试成绩也是非常好的，也是儿子挺想去的学校，结果和清华的面试时间冲突了，纠结了一个晚上，儿子决定放弃。第六个志愿是中科大，交了一百多元的考试费，结果没去考，主要是前一晚还在镇海考交大的"三位一体"笔试到9点，连夜乘同学家的车赶到杭州已经半夜了，洗漱一下困得不行了。第二天整整一个上午安排中科大"三位一体"笔试，接着下午又是好几个小时的北大笔试，体力吃不消，所以就放弃了，好好睡了一觉，养足精神参加了下午北大的"三位一体"笔试，那天考到5点多才结束。

就这样，填报志愿以及这六所大学的"三位一体"笔试面试终于宣告结束。其实他们这些孩子只顾一天到晚学习，一心只读圣贤书，两耳不闻窗外事，对高考填报志愿也不清楚，只能临时在网上查一下，不可能充分了解到这些大学的优势。虽然，每年都有亲戚朋友叫我帮忙填志愿，但我也只知道个大概，至于大学里的细分专业，我也不知道，当然比大多数的家长好多了，毕竟我也比较关注这方面的信息，大致套路我是知道的，所以几年来我也指导过不少人填报志愿，他们也都顺利考取了理想的大学。

五、家校联系，密切配合

全国著名教育专家王金战曾经讲述过这样一个故事：

母亲第一次参加家长会，幼儿园的老师说："你的儿子有多动症，在板凳上连三分钟都坐不了，你最好带他去医院看一看。"

回家的路上，儿子问母亲，老师都说了些什么。母亲鼻子一酸，差点流下眼泪。因为全班三十位小朋友，只有他表现最差，只有对他，老师表现出不屑。然而她还是告诉她的儿子："老师表扬你了，说宝宝原来在板凳上坐不了一分钟，现在能坐三分钟了。其他的妈妈都非常羡慕妈妈，因为全班只有宝宝进步了。"那天晚上，她儿子破天荒吃了两碗米饭，并且没让她喂。

儿子上小学了。家长会时，老师说："全班五十名同学，这次数学考试，你儿子排第四十名，我们怀疑他智力上有些障碍，您最好能带他去医院查一查。"回去的路上，母亲流下了泪。然而，当她回到家里，却对坐在桌前的儿子说："老师对你充满信心。她说了，你并不是个笨孩子，只要能细心些，会超过你的同桌，这次你的同桌排在第二十一名。"说这话时，她发现，儿子黯淡的眼神一下子充满了光，沮丧的脸也一下子舒展开来。她甚至发现，儿子温顺得让她吃惊，好像长大了许多，第二天上学时，去得比平时都要早。

儿子上了初中。又一次家长会，她坐在儿子的座位上，等着老师点她儿子的名字，因为每次家长会，她儿子的名字在差生的行列中总是被点到。然而，这次却出乎她的预料，直到结束，都没听到。她有些不习惯。临别，去问老师。老师告诉她："按你儿子现在的成绩，考重点高中有点危险。"她怀着惊喜的心情走出校门，此时她发现儿子在等她。路上她扶着儿子的肩膀，心里有一种说不出的甜蜜，她告诉儿子："班主任对你非常满意，她说了，只要你努力，很有希望考上重点高中。"

高中毕业了。第一批大学录取通知书下达时，学校打电话让她儿子到学校去一趟。她有一种预感，她儿子被清华录取了，因为在报考时，她跟儿子说过，她相信他能考取这所大学。他儿子从学校回来，把一封清华大学招生办公室的特快专递交到她的手里，突然转身跑到自己的房间里大哭起来，边哭边说："妈妈，我知道我不是个聪明的孩子，可是，这个世界上只有你能欣赏我……"

这时，她悲喜交加，再也按捺不住十几年来凝聚在心中的泪水，任它打在手中的信封上。

感动之余，我们应该体会到父母的作用和教育的魅力。蛟川书院、镇海中学的家长都很重视家长会，因为这是与老师、与孩子难得的沟通机会。每次家长会，我们总是夫妻俩一起参加，怕一个人听漏掉点什么，班级里像我们这样父母一起去开家长会的家庭总有三分之一，所以每次家长会都把教室挤爆了。大家都提前带好了记录本和笔，有的家长还带上了电脑，还有借助手机录音、录视频的。大家认真地记着，生怕没听清楚，自己认真记了，回去好跟孩子交流。很多家长都是提前请假过来的，丽水的家长都要开车五六个小时才能赶到。有一次家长会，岱山的一位家长正好碰到台风天，船停了，急得他团团转。有一个家长是武汉过来的，前一天就飞机飞来了。还有一个家长是东海舰队首长，也早早地请了假赶过来……可见大家对家长会的重视。

家长会一般都是由班主任一个人完成的，事先她都会跟任课老师详细交流过，会上她会仔细地分析这一段时间孩子们的具体表现和学习状况。还好，我们基本上是属于受到表扬的，心情还算高兴。开完会后，我们就排队跟班主任一一交流，因为我们大多数是外地家长，平时根本碰不到老师，所以难得一次见面，无论如何也不能放弃交流机会。有时为了跟班主任交流，得等上一个多小时，可大家没有一个不耐烦，而是安静有序地边听边等。终于轮到我们了，我们会简明扼要地问一下儿子最近的学习和思想状况，因为后面还有好多家长等着呢！

回到家里，我们等儿子回来就交流，跟故事中的母亲一样，我们也总是把表扬的讲给他听，批评的话尽量婉转些，把近阶段老师讲到的方方面面给他讲清楚，特别是跟其他同学的差距，一起分析，寻找对策，希望他扬长避短，再接再厉。

你看同样是开家长会，有些学校的家长会纯粹就是形式主义，走过场，为了拍几张照，收集点材料而已。有些家长也不太重视，迟到、早退、一个电话忙得没法参加，更甚者不参加也不请假。蛟川书院、镇海中学的家长会，那是名副其实的家长会，所以每一次家长会后，学生学习的目的更明确，各方面进步明显，家庭团队作战的意识也更浓了。

小区扫雪——热心公益

儿子读小学的那一年寒假，下了场雪，不大不小，可把门口堵住了。早起的人们已经把家门口的积雪扫干净了，我们家楼梯口的雪还没人扫，于是我问儿子怎么办。儿子心领神会，马上说："我来！"行！但你一个人，我怎么放心呢？于是我拿上扫帚，连忙跟了下去，只见儿子已经撸起袖子奋战了。爱人也是个争强好胜、热心公益的人，马上下来加入我们的队伍，你一簸箕，我一扫帚，扫不掉他就手脚齐用，终于在我们的努力下清扫出一条通往小桥的过道，虽然满头大汗，可内心特别高兴。看着大家从我们扫干净的路上走过，我们三人会心地笑了。

在我们家，这种公益活动经常会一起参加，比如：一起做防疫志愿者，一起宣传垃圾分类，等等。是啊，我为人人，人人为我，这才是我们这个社会应有的道德风貌。方便了自己，也方便了他人，和谐相处多好啊。可正所谓林子大了，什么样的鸟儿都有，一些不和谐的声音总是屡见不鲜。君不见，前几天在排队做核酸检测时，有人要插队，左看看右瞅瞅，一点都不知害臊。前段时间在公交车上碰到一桩烦心事：大家本来好好地坐着车，车里静悄悄的，有的打瞌睡，有的闭目养神，可偏偏这时出现了不太和谐的一幕，一个妇女拼命打骂自己的小孩，大概这小孩要买玩具，弄得整车人瞌睡全无、头昏脑涨，多缺德啊！

文明和谐的社会要靠你我他，还有整个社会来创造。平湖正在迎接全国文明城市的复查，级别之高，规模之大，前所未有。最可怜我妈妈种在自留地上的蔬菜，被文明办的同志一扫而光。妈妈每天趴在窗口，看着自己辛辛苦苦种的蔬菜被清除掉了，心里很是不爽。但不爽归不爽，又有什么办法呢？正好我回老家去，她就滔滔不绝地告诉我怎么回事。我说，还能怎么样，全市都在大搞卫生，你这点损失算什么呢？她说自己倒霉，我劝了她几句，要她顾大局、识大体，你已经是城市人了，这个思想水平和观念不能还停留在小农意识上，她最后表示理解和支持。

初去蛟川——惊心动魄

儿子要去宁波蛟川书院读初中了，我们两个担心不已。一是担心他第一次离开我们住校不知道能否适应，二是担心第一次去宁波路途遥远，对我们两个新手来说开车也是个考验。虽然我以前搭车去了一趟，但只是认了些路而已，这一次是真枪实弹，是骡子是马，都要拉出去遛遛了，还有我俩都是第一次上高速，心里没底……

到了去的那天，我们早早出发了，拿着"长枪短炮"，把望远镜也带上了，生怕错过路口下不去，真的像"鬼子进村"，一家人浩浩荡荡向蛟川进发。

我是第一次上高速，所以紧张得很，一家人的性命都在我方向盘上，你说能不慌吗？以至于两个手心都在冒汗，连背上也出了冷汗，一边开，还一边叫着，你们帮我看着，前面是哪里了。终于下了高速。当时借了个导航仪，结果蛟川书院导航不到，又由于我俩都是近视，所以开到了校园的围墙外，可就是开不进去，兜了一圈又回到了原地，问路人也不知道，原来他们是工地上干活的外地人，情有可原。费了九牛二虎之力，总算找到大门了，于是我们俩一起陪儿子去报名。

蛟川书院是所民办初中，宁波四大名校之首，想要考进去难上加难，可被我儿子幸运地考上了，周围的人都很羡慕我们。我反复叮嘱儿子，机会难得。三年后他如愿以偿进了镇中的创新班。儿子在宁波度过了美好紧张的六年，毕业的那一刻真的是依依不舍。因为是镇中这块沃土，成就了我们的梦想，是这里勤奋的学风感染了我们，是这里快速发展的经济吸引了我们，临走时拍照留个纪念吧！在儿子毕业前夕，我们在宁波鄞州区买了套房，算是对宁波经济的一点贡献吧！

一箱图书——满腔热情

初中的时候，放假回来，我们平湖的都是包车接送的。每一次回来，他总是带着一箱书。我跟他开玩笑说：这么多书，你看得了吗？他笑呵呵地反问："你怎么知道我看不了？"其实呢，一箱书，几天时间，神仙也看不完，不要说一天了。那他为什么总要带这么多呢？我想了想，这大概一半是真情，一半是虚荣。

说实话，你要说认真读书的程度，这一车人肯定是我儿子最爱读书，还有这一箱书是用来装门面的，仿佛在对人家说，我真厉害，还拿了这么多书，你们有吗？当然我都是猜测，下次方便时当面问问他，这是为什么。

儿子从小对书到了痴迷的程度，每天晚上8点到9点是他的课外阅读时间，速度挺快，基本上三天一本。有一次暑假，我拿着袋子帮他去学校图书馆借书，满满一麻袋，两个人提得肩膀都塌了。儿子四年级时，开始阅读四大名著，先阅读《西游记》，他读一部分，我给他抽一部分，基本能读通、读懂。刚开始接触名著的，我都推荐他们先读《西游记》，因为这本书语言相对通俗一点，里面的故事孩子们也比较喜欢，而《水浒传》《三国演义》这些比较深奥，故事也很少听得到。所以以前上海育才中学在段校长的领导下，初一把《西游记》当作教材来读，完全行得通，实际上有四年级水平就够了，因为下面有大量的注释，你只要告诉他阅读的方法，对照注释读，那么他一定能读通、读懂。

对某件事做到满腔热情是不容易的，儿子能够痴迷于学习，我真是佩服之至。同样在车厢里，人家都在聊天，只有他在读书，还真是一个了不起的壮举，我一直劝他在车里就睡觉，这样看书会把眼睛也搞坏的。没有坚定信念和远大目标，那是肯定做不到的，但愿我儿子这种对读书的痴迷一直保持下去，坚持才能胜利，在日后的工作岗位上做出应有的贡献。

对话叶校——醍醐灌顶

　　跟叶翠微校长有过几次接触，主要是我儿子想去杭二试试。第一次跟他打电话，我先把儿子的基本情况介绍了一下，特别是数学特长细说了。他耐心地听我讲完，然后说："只要孩子足够优秀，我们都要，你先把你儿子领来，我们测试一下，把获奖证书拿来看一下，就这么简单。"于是问他什么时候空，他说："说不准，到时再联系。"之后，我去了几次电话，他还是没空，一直到杭二组织考试，我们才一起参加了他们学校的笔试，而且考得不错，被录取了。

　　这时候我们纠结了，到底去镇中还是去杭二，这两所学校就像清华和北大一样，在省内都是极好的，无论到哪所学校，都是孩子的福气。在反复权衡利弊后，儿子选择了镇中，我们尊重他的意愿。

　　叶校在退休后去了海亮，我一直关注着。海亮的教育质量在这几年如同坐火箭似的往上蹿，大师毕竟是大师，跑到哪里，哪里就马上见效，所以我有时候想，当初没去杭二，有点遗憾，说不定我儿子更适合那里的教学，会更有出息。当然，世上没有后悔药，我们与杭二擦肩而过，那是命中注定的。

　　这几年叶校的文章和视频在媒体上传播得比较多，我一直关注着，并反复阅读他的文章，聆听媒体对他的采访。他儒雅大方的风度、滔滔不绝的口才、不紧不慢的语调，无不显现出他作为大师的应有风度。我们这儿去叶校那里读书的也有几个，据他们说，叶校工作勤勤恳恳、兢兢业业、一心为公，在省内外和校内师生中享有崇高的声誉。这样的老师走到哪里都受家长和孩子的爱戴。从我跟他的接触中，我感觉到他身为大师，却没有大师的架子，即使是一个普通家长去问他，他照样热情周到，从不会不耐烦。这样的大师在杭二，是杭二的大幸，是杭二的福气。我真是佩服得五体投地。他品德高尚，虽然居高位，但仍与师生们打成一片，只要学校有活动，他都百忙中挤出时间去参加，以身作则，循循善诱。王金战老师曾经说过，小赢靠聪明，中赢靠智慧，大赢靠品德，可见一个人的品德是多么重要啊！让我们每个人都成为品德高尚的佼佼者。

鼓楼租房——仰慕学长

在镇海中学，高中生租房住，这似乎成了大家的共识。为什么呢？因为镇中是所百年老校，宿舍实在太老，光线有点差，为了保护孩子的视力，也为了在晚自修之后再学一会儿，许多同学都纷纷搬出来住，而鼓楼公寓又无疑是学生的首选，既近又新，干净漂亮，设施齐全。为了租到那里的房子，我们托已在那里租房的好几个家长留意着。

功夫不负有心人，终于传来好消息，二楼有一套还没有租掉，钥匙在隔壁家长那里。我们马上赶了过去，不管三七二十一，把钥匙从这位家长手里接了过来。房东也来了，介绍说，刚搬走的是一对双胞胎，一个进了北大，一个进了复旦。我爱人听了激动不已，因为前几天在QQ上还跟这位妈妈聊过天，于是她马上电话打过去，确认无误，这就是缘分啊！必须得沾沾喜气。我们既为他们傲人的成绩唱赞歌，又为孩子的未来表信心，不还价了，人家也租这个价，立即签了合同，交了一年两万多元的房租。于是，我们就马不停蹄地把所有的东西搬过去。平时疲劳不堪、一副疲态的我，这时不知哪来这么大的动力，右手拖着皮箱，左手抱着个被子直冲二楼。想想也开心，儿子在这里要奋斗三年，我有点兴奋，仿佛儿子已经被某所名牌大学录取了。儿子也激动不已，可以一个人住了，努力完成自己的梦想。爱人说，双胞胎哥哥是搞数学竞赛的，保送北大，咱儿子也是搞数学竞赛的，说不定到时候也可以，我已经开始在做梦了！由于过分兴奋，等到搬完东西才发现中饭都还没吃呢！

于是，三个人一起上街去觅食，结果大多数饭店已关门，有一个小吃店还开着，但东西都是冷的。我们买了一点，将就一下，于是三人狼吞虎咽地吃了起来，这次才体会到饥不择食是怎样一种情况。草草地吃了一点，我们又回去帮儿子打扫，把东西整理好，又把缺的东西列个清单，两个人上街去买，搞得满头大汗、手麻脚酸。

你看我们中国的家长就是这么伟大，宁肯自己吃苦，也不愿让孩子受苦，过分的溺爱造成孩子长大后一个个成了奇葩，娇生惯养，一点自理能力都没有。怪不得前几年在内蒙古草原上举行的中日小朋友友谊赛中，出现了许多奇奇怪怪的事，有家长用小汽车把孩子接过一段路的，有孩子中途退赛的，还有孩子哇哇大哭的，而日本的小朋友就全部自己走到底，没有一个搞特殊的。因此，活动结束时，这些日本人对我们讲，下一代你们还是要输给我们。是啊，如果中国的小朋友都像夏令营中的这几个孩子，那么我们真的都要好好反省一下了，我们到底是在爱孩子，还是在害孩子？

栗子炒鸡——浓浓父爱

我总对儿子说，老爸管你吃饱，老妈管你吃好。

今天又轮到老爸买菜烧饭，怎么办呢？我不太会做菜，所以烧来烧去就这么几个菜，儿子有点吃腻了。我就想最好变个花样，拍拍儿子"马屁"。对，儿子对栗子炒鸡情有独钟，我何不试试看呢？

于是我去超市买了栗子和鸡肉。看着这些硬邦邦的栗子，我毫无头绪，于是就在手机上百度。网上介绍：先取栗子，用刀开个口，然后烧五分钟。我照办，开始剥了，哪里剥得动啊！指甲都弄坏了，痛得我哇哇哇直叫，只好用嘴巴咬，但咬得粉身碎骨。看看时间已经不早了，再不抓紧就吃不了了，怎么办？现在只有我自己，又没人帮忙，对，用刀一切为二，然后再剥，这下子剥起来容易多了。我就马不停蹄地一个一个地切，一个一个地剥……栗子炒鸡在我的努力下终于完成了，心想，这栗子炒鸡闻闻都香，颜色又好看，吃起来细糯喷香，可做起来真难啊！

终于到了儿子放学的时间，我得意扬扬地盼着他早点回来品尝一下这人间美味。走过一个同学，一看不是，再走过一个，依然不是，今天怎么感觉时间过得这么慢，于是去窗口伸出头去看。由于自己高度近视，又看不清楚那边过来的一群人中有没有儿子在，直到门口传来了儿子的叫声，我才知道，这下终于回来了。

我开始盛饭、盛菜，儿子洗手，终于开饭了，儿子看到栗子炒鸡，眼睛都亮了，我催他赶快尝一下这栗子炒鸡的滋味。儿子边吃边说，好吃，就是太咸了一点！什么，又咸了？我这么用心做出来的还是不合儿子的口味，真的是无可奈何。儿子看到我失望的神情，马上安慰说："老爸，这次进步多了，就稍微咸了一点，下次少放点盐就好了！"下次还是栗子炒鸡，我的妈呀，你知道为了这栗子炒鸡，我付出了多么大的代价呀！指甲弄破，眼镜上都是栗子屑，我可是费了九牛二虎之力，才烧了这么一盆，下次再烧我有点忐忑。

鸡蛋炒饭——父爱如山

每次到儿子那里去，最担心的就是早饭了。因为我是马大哈一个，干家务活实在是外行，而儿子又比较挑食，因此到了早上给他准备早餐的时候，我只好硬着头皮给他做。做什么呢？什么简单烧什么。对，蛋炒饭那是小孩子都会的把戏，难道我不行吗？事不宜迟，说干就干。挽起袖子，先在油锅里倒点油，再把蛋拌饭倒进去，等到炒成金黄的时候，再把香肠放进去，最后倒入生抽炒一炒，真香！一盆金灿灿、香喷喷的蛋炒饭就这样炒成了！我心中的确有点小激动。因为以前都是由爱人负责炒的，又一次被逼无奈，想不到竟然成功了，满心欢喜，急忙叫儿子起来吃。

儿子把牙刷好后就吃了起来。我心里忐忑不安，等待着儿子的评判，可是他光顾着吃也不吭声。我急忙问儿子，老爸炒的饭怎样？他说还可以，就是咸了点。至此一块石头总算落下了。

看来呀，什么事情只要用心去干，还是干得好的。今天的蛋炒饭能够烧成功，主要是以前已经看我爱人炒过好几次了。因

第四章 家和万事兴

为我知道爱人不在，迟早我也要烧的，还不如老实一点学起来。很多次听到有些男同事说起做饭做菜，总是不屑一顾，好像跟自己没有什么关系，好像买菜烧饭这种事情就应该是女人干的，自己是大老爷得干大事。其实这只不过是一个借口而已，逃避劳动罢了，又显得自己多么高贵，好像只有他才是世界的主宰，缺了他，这个地球就不能转了。其实在一个家庭里面，男女也应该是平等的，要讲究民主和谐。家和万事兴，家庭和睦才是第一位的。家务事，谁有空就谁做，何必要分出高贵和低微呢？

花样早点——母爱似水

我爱人的确能干，上得厅堂，下得厨房，特别是对于面点之类的东西，更是情有独钟。每次去儿子那里，她总是变着花样给儿子烧早点，而且每次都不重复。儿子一向早上吃得很少，现在正是长身体的时候，读书又是很艰苦的脑力劳动，所以如果早上不吃好，对一天的学习影响可就大了。为了把早餐做得色香味俱佳，她总是上网寻找、自己摸索，什么烧卖、馄饨、锅贴、面包、面条等等，每天都花样翻新，儿子也吃得津津有味。看着儿子狼吞虎咽的样子，我心生内疚，心想，我只会做蛋炒饭，要是也像爱人那样，满足孩子的胃口，那儿子的个子说不定还会长得高一点呢！怪不得儿子离一米八始终缺一点点，这罪魁祸首，说不定还是我自己呢！

可怜天下父母心。天下做父母的都是这样，一天到晚生怕孩子睡不好吃不好，特别是像我们中国父母，对孩子更是宠爱有加。什么时候都怕孩子吃亏，再穷也不能穷孩子，所以出现了一些怪现象。家里头穷得叮当响，而孩子在外面大手大脚，从不节约，出现了许多穷人家的"富二代"。无知啊无知！

两种海鲜——不同情怀

由于我们夫妻俩都是农村出身，家境一向贫困，所以孩子从小也没什么高档东西吃。那时，我们两个人既要还房贷，又要养家糊口，的确是委屈了孩子。

而家境稍好的孩子就不同了。那时，租住在一起的有很多学生，他们大多条件比我们好，平时吃菜也比我们好得多，比如西边的那个小女孩，爷爷是乡镇干部，经常吃海参；东边的那个温岭小男孩，父亲是做生意的，经常吃石斑鱼；还有象山的小男孩，爸爸是大老板，顿顿吃鲳鱼。而我们呢，总是买五元一斤的龙头鱼，偶而买点带鱼。

有一次，我问儿子："我今天也去买点海参给你吃，怎么样？"儿子说："不要吃，我觉得龙头鱼好吃，你还是给我买几条龙头鱼吧！"我心里突然一酸，孩子的话，也是半真半假，可能是嫌海参太贵了，怕加重父母的负担。孩子从小懂事，从不计较吃和穿。一般小孩经常去的肯德基，我儿子从来不去，一向知道为父母节约。儿子越是这样，我越是过意不去，心想，如果自己本事再大一点，钱再挣多一点，那么儿子的生活肯定还要好一点，而如今每天给他吃龙头鱼，实在有点对不起他。虽然儿子说龙头鱼好吃，既没有骨头，又味道鲜美，但毕竟比

第四章 家和万事兴

第四章 家和万事兴

131

不上鲳鱼、海参之类的高档海鲜。

儿子这样说是在安慰我们。我说，嗯，反正都是海鲜，味道都很鲜美，何必一定要分个高低贵贱呢？人也一样，有的喜欢穿西装，有点喜欢穿夹克衫，何必要求他们穿一样的呢？看上去单调，又强人所难，只有适合自己的，才是最好的。

饭点新闻——收获满满

为了提高效率，我们总是统筹兼顾。在我的提议下，吃饭时放点新闻，一举两得，既增加了时政知识，又吃好了美餐。我们给它取了个名字叫"饭点新闻"，儿子举双手赞成。内容是冯站长之家——三分钟知晓天下事。

我们一家边吃边听，有时随声附和几声，有时干脆放下饭碗争论起来，好不热闹。有一次新闻说特朗普当选美国总统，很多网友说他只是个建筑商而已，这是不合理的。我就提出了不同的观点，特朗普早年毕业于美国著名的哥伦比亚沃顿商学院，他女儿也是这个学校毕业的，妥妥的学霸一枚。儿子同意我的观点。看，在吃饭的时候，既长了知识，又拓宽了思维，多惬意啊！如果长期坚持下去，要积累多少知识啊！如果高考试卷上正好出现这方面的内容，那我们不是双赢吗？餐桌上的文化，表面看上去好像在浪费时间，实际上好处多多。

我一直强调，学习知识，不一定要大块时间，其实只要利用好这些时间的边角料，同样潜力无穷。你看，衡水中学把时间的利用可谓发挥到了极致，学生们排队打饭的时候在看书，运动会上在看书，分秒必争，因此这么牛。而我们有些同学就不同了，叫他看书，总是找借口推脱。

华罗庚说过，勤能补拙。一个人，即使你智力平平，但只要后天努力，完全可以弥补先天的不足。爱因斯坦曾经说过，天才是99%的汗水加1%的灵感。所言极是。

虚心请教——悉心育儿

在我儿子的求学路上，碰到了许许多多好老师、好同学。但有一个人对我儿子来说特别重要，可以这么说，没有她就没有我儿子的今天。她是我们一家的大恩人，她就是儿子高中三年的班主任陈晓燕老师。

陈老师长得小巧玲珑，平时打扮得非常朴素，跟同学们关系很和谐，就像他们的大姐姐一样，关心着、爱护着班里的每一个同学。那时，我儿子是班里的副班长，虽满腔热情，但经验不足，幸亏在陈老师的指导下，慢慢地得到了锻炼。

高二时，我儿子由于竞赛还没有取得结果，而很多人已被清北预录取，所以他情绪非常低落。陈老师发现后，多次找他谈心，鼓励他放下包袱，轻装上阵，开导他摆正心态，着眼未来。在陈老师的循循善诱下，儿子逐渐走出了阴影，脸上又有了笑容，奋起直追，高三时，取得全国数学联赛一等奖，陈老师又及时地出现在他身边，为他指明了努力的方向。你说这么好的老师到哪里去找呢？在这里我们全家要郑重地向陈老师说一声："谢谢你！"

当然，在镇海中学像陈老师那样甘愿奉献的老师有一大批，因此成就了莘莘学子的升学之梦。幸运的是，我儿子就是其中一个。正是由于有这些呕心沥血、一心教学的好老师，才有大批的镇中学子跨入清北、复交等名校学习。难得一年升学率高不算好，年年升学率在全省甚至全国名列前茅，那才叫厉害。说起镇海中学，在我们浙江哪一个人不知道，哪一个人不仰望呢？我的儿子能进入这样的学校，还有什么不满意的呢？所以每当学校布置任务时，我们做家长的就大力配合，开家长会时往往是我们夫妻一起去参加。孩子有事，只要老师一个电话，再忙也会请假前往。正是这样密切的家校联系，更促进了学校良好教学氛围的形成，学校与家长配合默契，形成了良性循环，这样的学校怎能办不好呢？

清明时节——惨遭车祸

高中时有一年的清明节，我们几家人像往常一样拼车去镇海。回来的时候，由于是节假日，堵车非常厉害，我们也被堵在杭州湾跨海大桥上。

那天是我爱人开车。平时她上班离单位近，都是走路不开车的，所以平地上开车技术不太过关。这一次破天荒地遇上堵车，车队一点一点往前挪，结果一不小心挪过头了，用爱人的话说："我开得很慢，看着跟前面的车越来越近了，感觉自己刹车了，结果车子还是在前进！"我们撞在前面这辆车的车尾上。怎么办呢？找交警解决吧。于是把车开到大桥北塊的停车场等待保险公司来察看，然后评估。由于路上堵得很，所以保险公司的人到来时已经快天黑了，我们五个人只好等在那里，等待处理结果。虽然对方是新手第一次上高速，但因为是我们撞上去的，所以我们得负全责。处理完毕，匆忙回家，回到家里早就天黑了，草草地吃了一点就算过去了。

这件事让我思考了很多。高考前撞车的事，我们从来没跟儿子说过，怕儿子担心。直到高考后，有些事才跟儿子细说，包括撞车的事。我对儿子说，人生就像一辆车，免不了磕磕碰碰，但我们只要及时调整好心态，认为这事是正常的，那就对了，如果你一直被笼罩在这次车祸的阴影中，那就麻烦了，所以说心态决定一切。这一点爸爸最有发言权。爸爸从2004年生病以来，始终乐观向上、积极进取，一点也看不出是个病人，那是因为我想通了，生老病死都是自然规律，你越计较，它就越欺负你。你索性不要去理它，让它去吧。爸爸的毛病在看遍大半个中国却依然无效后，就实行自救，一边锻炼，一边调理，现在不是很好吗？而那时跟我一起生病的那些病友，有的早就去见阎王了。

中央台的健康养生节目里说：运动能够代替药物，而药物代替不了运动。体育锻炼主要在于提高人的免疫力，只要把人体的免疫力提高了，那么什么毛病就都远离你了，所以我们要加强体育锻炼。按照养生专家洪昭光的说法，健康人每天至少运动半小时，有病的人最起码两个小时。我呢，按照老中医的说法，每天走鹅卵石两小时，早晨、晚上各一小时，感觉效果不错，再加上他配的草药那是更好了。当然锻炼和调理都不能急于求成。凡是中医治病，它都讲究一个过程，至少三个月，甚至半年、一年，因此看中医必须耐心。

筛选剪报——协同作战

　　儿子高中时，我看他学业繁忙，心想，帮他做点什么呢？于是就想到帮儿子从报刊上筛剪一些我们认为比较重要的信息：一是一些励志的人物介绍，可以鼓励儿子迎难而上；二是有些材料可以作为写作素材，或许在高三复习时用得着，有备无患。每天，我都会把《南湖晚报》《意林》等报刊上认为有用的材料剪下来，以备高考之需。

　　每次给儿子，他总是迫不及待地先看上一遍，然后夹在讲义夹里，以便需要时再看。帮儿子收集材料的不只我一人，还有爱人也喜欢给儿子找，主要在《读者》上找，还喜欢帮儿子摘录错题，先用手机拍下错题，再把它存到电脑上。由于这些错题已经存在一起了，儿子喜欢看，效率也更高，起到了事半功倍的效果。

　　你看，这哪里是儿子在孤军作战，分明是多兵种联合作战，效果良好。我们现在这个社会中，缺乏的就是这种为他人着想、团结合作的精神。有的单位人心涣散，不够齐心，即使是开个讨论奖金分配方案的会议都开不下去，因为各自从各自的利益出发，每个人心里都有一个小算盘，生怕自己吃亏，防着人家发财，酸葡萄心理始终存在，你说能办好吗？

百里寄笛——彰显责任

儿子高中时有一次文艺演出，是大合唱比赛。这个节目间奏有点长，需要用一下竹笛，儿子自告奋勇地接下了这活。可是笛子在老家，远隔三百里，怎么办呢？

当天晚上他就打我们电话，把基本情况说了一下。爱人立刻把笛子找了出来，发现笛膜已脱落，包里也没有笛膜了，况且好长时间不吹，这根笛子还行吗？怎么办呢？爱人联系到了她学校的音乐老师，他爸爸就是教笛子的，当初儿子的笛子就是托他爸爸帮忙买的，他家肯定有笛膜，果然如此。第二天一早，拿到笛膜后，立即顺丰快递寄出。

晚自习结束，儿子高兴地回电话，说笛子已经收到了。第一次排练效果很好，谢谢妈妈！爱人终于松了一口气，如果是笛子独奏，那么倒好办，来不及的话，最多这个节目取消算了，但是集体节目，责任重大，缺一不可，缺了间奏这个环节，节目的质量就大为下降，所以这是关键，不能缺的。

因此，这一次的百里寄笛，彰显了一个人的基本素质——责任和担当。之所以能把笛子按时寄到，只是因为母子两个都有一心为公的无私精神。小到一个班级，大到一个国家，这样的人是不可缺少的，是我们这个社会的佼佼者、精英。如果每个人都只想着自己，有事就作鸟兽散，那我们这个集体或国家还有什么希望呢？现在社会个人主义盛行，甚至有人跌入水中没人肯救，这是什么风气？这是什么行为？一千多年前的古人廉颇和蔺相如为了国家的兴旺，冰释前嫌，终于齐心协力，使自己祖国繁荣昌盛，越来越强大；当日本帝国主义侵略中国时，

第四章 家和万事兴

137

国难当头，两个死敌，共产党和国民党联合起来，一同抗日，这就是家国情怀，这就是责任担当。

宁波买房——从长计议

家有男孩的家长，一般都比较重视买房，我也如此。

我的第一套房子是房改房，总共才一万多一点，但穷得最后差五百元还是向同事借的。我的第二套房子，算是改善房了，买来时三十来万元，现在已经二百多万元了。尝到了买房甜头的我，怎肯放过宁波买房的好机会呢？

起初，我想买杭州房子的。当时杭州正好放开政策，苦于资金紧张，错过了机会。不过在宁波买房，我也是一时兴起。那天同车去镇海的四户人家，都准备第二天去买房，我的好胜心一下子就上来啦，马上从同车一家长那里借了两万，也把房子定了。因为之前没有打算近期买房，所以我的钱都买了银行理财，一时拿不出来。怎么办呢？最后在大伙的帮忙下，总算七拼八凑够了首付。当时是2017年3月份，本来我是想慢慢买的，等儿子高考了再买，可看到杭州限购之后，就急了起来，再看到同事们都买了，一下子就紧张起来了。不过也好，幸亏当时紧张了一下，把它买下来了，这套房子按照去年的房价已经翻了一番。现租出去了，等儿子准备工作了，再考虑卖房。

我们中国人的房地产就是个政策市场，政府虽然想控制房价，不让它涨，但土地财政吃不消。据说，小城镇的一半收入是靠卖地得来的，一旦房屋卖不出去，那我们的财产就要缩水，国家的财政收入也会大大减少，难以为继。国家只好通过放松政策来卖地，暂时渡过难关。由于去年银行贷款收紧，所以房价有所下调，但大多数城市或多或少有所上涨，因此预计下半年房价应该有所上升。

房地产业关系到我国经济命脉，所以中央和国务院一直常抓不懈。不过，过分的房地产扩张，也会对其他行业的经济发展有一定的影响，比如消费需求下降，生活质量下降。所以要正确引导好房地产市场，要"稳"字当头，稳扎稳打，使我国的房地产业稳步发展，健康发展。

有一次，我让儿子问一下胡鞍钢教授（清华大学国情研究院院长）。他说胡教授又不缺房子，怎么可能回答你的问题。平时碰都碰不到，怎么问呢？我被儿子说得不好意思，就自我解嘲，好了，算我白说，我只是想虚心请教呀。

参营交大——逐梦上海

同饮一江水的上海交大，我们对它很有热情。上海市跟我们离得很近，我的很多亲戚都在上海，所以对这所家门口的大学更是梦寐以求。

高三时学校有几个名额，可以去上海交大参加"致远营"，儿子和其他三位同学有幸一起参加，参观了交大的实验室，听了交大的教授的讲课，夜游黄浦江……三天时间排得满满当当。经过考核，儿子数学考了98分，综合成绩优秀，获得了交大"致远营"的"优秀营员"称号。

交大位于上海闵行区，校园里有公交车，非常大；研制C919的中国商飞就在它隔壁；来自全国各地的学生都激动不已，毕竟它是我国知名的高等学府，特别是它的造船技术联合，可是全国第一。要想进入这所名校，可谓比上天还难。在我们浙江，一般来说全省前二百名还是有希望。

回来之后儿子触动很大，一心想上上海交大，所以当清华叫他去北京面试时，他差一点放弃，因为他实在太爱交大了，而且离家这么近。上海的张江已在我们平湖落户，今后如果我们住在平湖老家，都可以去上海工作了。当然这种想法从理论上来讲，是可行的，但实际上是不行的，毕竟中间的环节太多。理想是丰满的，现实是骨感的。当有机会去清华面试的时候，他非常纠结，因为它们的面试放在同一天，只能二选一。那天，我们反复比较清华和交大的利弊，觉得交大还有机会，凭高考还有希望录取，但清华的裸分要求实在太高，一般是没有希望的，所以最终决定冲清华，终于如愿以偿。

香港大学——擦肩而过

一进入高三，各个大学的招生老师纷至沓来，香港大学也不例外。记得那时，香港大学的招生老师坐在大礼堂的主席台上，我们坐在下面，需要仰望才行。那时的香港大学，地位比清北还高，据说每年内地去的状元有很多，当然他们的奖学金也很丰厚，我们羡慕得不得了。

讲座开始，先由香港大学的招生老师对大学的情况进行了介绍，把我们听得心痒痒的，我最感兴趣的是他介绍的一个香港大学和剑桥大学联合办学的项目，毕业后还可以拿两张文凭，当然我最看重的还是剑桥大学的文凭，因为儿子很早就想出国留学，这次机会终于来了，能不想抓住吗？

招生老师一讲好，进入自由提问阶段。我怎肯放弃这样的机会？后来回到家里，我马上跑去邻居家向章老师请教，因为她的外甥女在香港大学教书，所以问她最可靠。章老师热情地帮我打通了她外甥女的电话。她助手对我们进行了回答，因为助手是香港大学的博士后。她觉得内地学生去香港大学不太合适，要想留学的话，应该直接出去，直接接受外国的教育，因香港跟外国毕竟不同。听了她的建议后，我们就打消了去港大读书的念头，决定一心一意报考内地的学校。事实证明，这一步棋走得非常稳，适时避免了香港动乱期。

现在我看内地的教育在国际上地位越来越高了，再没有出现前几年的出国热了。盲目跟风还会使自己迷失方向，所以我们要根据自己的实际需要选择要不要留学，更要相信祖国的教育会越来越好。虽然有些项目我们还比不上人家，但相信在不久的将来，定会超过它们。华为5G技术，马伟明的电磁炮技术，高超音速的飞行技术，我们国家都领先于人家。当然我们也要清晰地认识到自己的不足。"骄傲使人落后，虚心使人进步"，这是毛泽东同志说的，是颠扑不破的真理，相信我们的国家会越来越强大。

毕业典礼——家长发言

6月5日，这是一个值得纪念的日子。我爱人受邀参加了镇海中学的毕业典礼暨高考动员大会，还作为唯一的家长代表在会上进行了发言。在这样神圣的舞台，高手如云的地方，走一遭也是件幸福的事，更何况要发言呢？真的是受宠若惊、无比自豪、此生难忘！

我爱人收到儿子班主任微信留言，说学校决定在我们创新班选一位家长代表在毕业典礼上发言，问：可不可以参加？爱人觉得压力不小。她跟我说，一是儿子在学校成绩并不是最优秀的，万一上台发言了，高考没考好，岂不是很没面子；二是全校师生都这么优秀，这发言稿写起来有点难，怕拿不出手；三是自己胆小，没上过这么大场合的舞台，还要讲话，心里没底气。我说：没事，我们一起努力！儿子和我倒是觉得：既然老师开口了，是看得起我们，怎么好推掉？一起加油吧！

于是，我爱人就答应了下来。我们一起写发言稿，请教同事，不断修改，然后发给班主任老师审核，通过后开始试讲，读不准的字就查字典，我和儿子当听众。几次练习以后爱人总算是找到点感觉了！"没问题，已经很不错了！"我们鼓励她！下面是我爱人在毕业典礼上的发言稿。

尊敬的老师们、2017届家长代表们，亲爱的同学们：

你们好！

我是高三（1）班×××的妈妈。今天能参加镇海中学高三毕业典礼，和同学们共同分享完成高中学业的喜悦，与老师们共享教书育人的丰硕成果，我感到非常荣幸！在此，请允许我代表全体高三学生家长，对顺利完成高中学业的同学们表示热烈的祝贺！对为同学们的成长倾注热情、汗水和智慧的老师们表示衷心的感谢！向默默无闻为孩子们的健康成长无私奉献的全体员工们表示由衷的谢意！

菁菁校园，人才辈出。深厚的历史积淀和浓郁的人文气息，孕育了镇中独特的校园文化。这里楼阁飞檐，苍松如盖，是莘莘学子求学的圣地和殿堂！我为我的孩子有幸成为镇中的学生而备感自豪。

同学们，都说"教师是阳光底下最崇高的职业"，同样身为教师的我深有体会。镇中的老师们，在这一千多个日日夜夜里，恪尽职守，兢兢业业。孩子们，你们还记得吗？曾经有老师脚骨折了，仍拄着拐杖，一瘸一拐地坚持来校上课。有老师家人生病住院了，急需陪伴和照顾，他们也不让你们落下一节课。而你们当中有人生病时，我们这些外地的家长还未来得及赶到学校，你们的老师就已经在第一时间关心陪伴了。高中三年里，你们大多数人远离父母，多少个日子里，无论寒暑，不顾风雨，是谁一早就陪你们在教室里学习？是谁晚上9点多还在为你们辅导？又是谁牺牲了大量节假日休息时间默默奉献？难道他们不想陪伴自己的家人吗？当然想。但对于以孩子的未来为己任的镇中老师们，尤其是毕业班的老师们，他们将收获装进了你们的行囊，帮助你们放飞心中的梦想，而自己却忍受着各种煎熬。镇中教师这种爱岗敬业、呕心沥血的精神，使我们家长深受感动。我们欣喜地感受到孩子们一步步健康地成长，可以自豪而欣慰地说：我们选择镇中是正确的，更是幸运的。因为镇中有这么一群敬业爱生、无私奉献的老师。

如今，经过镇中这块沃土的滋养和老师们的精心培育，孩子们一个个都已成为有理想、有志向的青年，羽翼渐丰，即将翱翔在大学的蓝天。我可以毫不夸张地说，镇中的老师们，你们对学生慈母般的关爱和严父般的教诲，将滋养他们的一生，引领他们的一生，你们是最值得尊敬的人。在此，我谨代表所有的高三学生家长，再一次向敬爱的老师献上最诚挚的敬意和衷心的感谢！

孩子们，在回首过去、即将分别的时候，也请你们记住：今后无论走到哪里，你们都要心存感恩。对父母心存感恩，因为他们给予你们生命，抚育你们成长；对老师心存感恩，因为他们给予你们教诲，让你们懂得道理，学会思考和做人；对同学心存感恩，因为他们给予你们友情和关爱，让你们无助时可以倾诉和依赖。希望你们今后多联系，多交流，多沟通，多分享。

作为家长，我还想唠叨几句：孩子们，走出镇中，你们就不再是老师、家长眼里的小孩子，而是一名具有法律责任的公民，是一个大人了。你们应该逐渐将家庭和社会的责任担负到自己的肩上。同学们，真正的志存高远，是遇到挫折时的风雨兼程，是面对失败时的不忘初心，是永不言弃的拼搏态度，任何时候都要告诉自己，只有经得起磨砺的痛楚，才有羽化成蝶的美丽，也才能担负起这个时代赋予你们的历史使命！

老师们，同学们，六月的天空晴朗，毕业的钟声敲响，不舍可爱的同窗，难忘尊敬的师长，作别熟悉的面庞，迈向成功的殿堂，踏着前进的曙光，迎接明天的辉煌。让我们一起祝愿镇海中学在今年的高考中再创佳绩！也祝愿镇中的老师们身体健康、阖家欢乐！祝同学们蟾宫折桂、金榜题名！

谢谢大家！

我爱人上台了，这时儿子跑上台去给妈妈送上鲜花，并给了她一个大大的拥抱，爱人满是惊喜。我在家长群里也时刻关注着现场家长的报道，毕竟爱人要作为家长代表发言的，这是我们全家人的事。看来反响很不错，儿子也把妈妈好好夸奖了一番，说妈妈给他长脸了。的确，我后来看了视频，看到爱人激情昂扬地演讲，全场掌声一阵高过一阵，鼓舞人心，令人振奋。

这也许也是对儿子的一种鞭策和鼓励，让他更有信心参加高考，取得好成绩！

录取前夕——忐忑不安

高考后到录取的这段时间是最难熬的。高考一结束，根据答案进行估分，互相交流大概考几分，大致哪几所学校能录取。容不得多想，儿子和他同学就开始奋战"三位一体"的笔试。爱人说，希望"三一"像她做的生煎包一样，面粉超常"发发发"。而后的清华、交大面试同一天的纠结，面试后的焦急等待，等待高考分数公布，我们感觉比考试前还紧张，但儿子心态很好，"三位一体"面试结束后就去找他的宁波同学玩了。清华"三位一体"是学业水平测试成绩折算成10分＋"三位一体"笔试和面试成绩折算成30分＋高考成绩折算成60分，前两项成绩他还是可以的，现在就剩高考成绩了。他倒好，做起了甩手掌柜，自己去宁波玩，叫我们两个在家里守着。

我还清楚地记得6月22日晚上9点多，群里开始骚动起来。

咋了？有的同学已经查到了成绩，也收到了考试院的短信。我们也急呀，网络繁忙，进不去，最后还是从手机上得知考了685分这个成绩，说高不高，说低不低。不一会儿清华大学招生组老师就来电问分数了。我急忙问他有希望吗？他说还不知道，正在统计中，得把二百四十五个人的总分加起来排名之后才知道，好吧，我们只能等了，等他们快点把分数加好通知我们。一直到第二天，台州的一位家长说分数出来了，他们儿子进了，我马上打电话给班主任，班主任说她也不太清楚，具体名单还没出来，可能进了，模棱两可。然后爱人就按招生方案，发挥数学老师的优势，左算右算，说应该进了。实在着急，我又给他班主任电话，这时才确定肯定进了！高兴啊，欢呼啊，我们全家人抱在一起热泪盈眶。十二年的辛酸，在此时全都化为乌有，十二年，整整十二年，世上有多少个工程能花这么长的时间，虽然有，但很少，更何况是培养人这种庞大而复杂的工程。

我马上打电话告诉亲戚朋友。该先打给谁呢？当然是爷爷奶奶，他们从小带他。然后打给谁呢？当然是外公、外婆。外公无数次问外孙考得怎么样。再就是那些至亲了，至亲中表弟是最关心的，叫我一有信息马上打给他，表妹也不错……一圈电话之后，我躺在沙发上眼眶湿润，流出了幸福和辛酸的眼泪，想想自己和爱人这十二年来两地奔波、风雨无阻，各种滋味只有我们自己知道，酸甜苦辣，五味俱全，再看看高兴的儿子，一切都过去了，什么都值了。

清华录取——力争保研

　　儿子被清华录取后，我们高兴不已，整天乐呵呵的。所有碰到我们的左邻右舍也都恭贺我们：有人说你儿子今后做大官的吧，可别忘了我们哦；有人说你儿子今后是挣大钱的，可不得了；也有人说，你儿子今后起码是个县委书记；还有人说你儿子今后能做中央委员……不一而足，而我只能乐呵呵，对他们说，都差不多的，只是以后工作好找一点而已。

　　按照乡下的习惯，红白喜事都要大摆宴席的。有人就说，你儿子这种级别最起码也得去白金汉爵摆几桌。我问儿子怎么办，毕竟你是主人，你说摆哪里就摆哪里。儿子说无所谓，不摆也没关系的，一副不屑的神情。我对爱人说，那我们还是低调点吧，为了方便照顾两边的老人，以近为主，两边乡镇酒店里各摆几桌，中午、晚上都请他们吃，意思一下算了。最后由我拍板，我爱人和儿子表示赞成！按照爱人的意思是老人没有经济收入，咱一律不收红包，我举双手赞成。因为我们对乡镇酒店不熟，所以一边是我弟弟负责的，另一边是我堂哥负责的，在他们的大力配合下，我们倒也轻松。

　　8月18日，我们一家三口带着四只皮箱从家里出发，因为行李带得多，怕不让乘高铁，就选择乘绿皮车。第二天到北京正好天亮，虽然一夜未合眼，但疲感全无，感觉一身轻松，人逢喜事精神爽嘛！陪伴儿子报到后，两个人在清华校园里兜了一圈，拍了几张照。因为要上班，所以21日我们就回来了，临行时，我反复叮嘱儿子，在大学一定要早定目标，争取保研。儿子爽快地答应了。是啊，清华，这个我国的最高学府，平台是够高了，竞争也是激烈的，一定要好好利用，力争今后对祖国做出应有的贡献。

送儿上学——兴师动众

2017年8月18日，骄阳似火，晴空万里，儿子与四位长辈一一电话告别，带着长辈的嘱托踏上了大学的求学之路。这一天是我们最高兴的一天，因为儿子要提前去清华参加新生骨干训练营。

明知道儿子一个人去报到也行，但我们还是乐哉乐哉地跟在儿子后面送他去，帮他看看行李也好，就如有的家长说，送孩子上大学，送的是一份心情。是啊，满满的期盼，期盼大学四年收获多多。我们一家人推着四个大箱子浩浩荡荡向北京出发。在儿子的建议下，我们买了普通火车票。他说普通火车没有规定带多少东西，高铁可能带不了，于是仍然乘了时速只有一百多公里的绿皮车。也好，绿皮车好久不乘了，因为现在出行大多坐高铁。经过一夜的颠簸，终于到了北京站，然后改乘地铁到了清华园。因为以前去过两次，所以有点印象不至于走错。我们先去C楼报名，然后去寝室。为了管理方便，新生骨干都住在一起，安排的寝室是临时的，等正式开学还得换寝室。看到儿子的培训日程安排得满满当当，晚上6点半又要集合，帮他一起把箱子里的东西整理好，已经下午3点了，赶紧去校园的超市里添置了一些生活必需品。这时我才意识到我们真的要告别了，本以为儿子会像小升初考试时那样头也不回地进入校园，不承想，这一次儿子转过身来，发现妈妈在偷拍，他一个劲地乐呵着。内心被感动着，我们知道这一次儿子是真的长大了！

推着两个空箱子，我们俩来到了宾馆。我心想，虽然儿子没时间陪我们，但我们难得来一趟，就这么回去也太可惜了吧。宾馆就订在学校南门，晚上吃过晚饭，我俩就租了小黄车，在校园里兜了一圈，顺便拍几张照片留念。可回到宾馆，却怎么也睡不着，想想儿子从此一个人在外打拼，还真有点舍不得，但舍不得孩子套不到狼，只有翱翔蓝天才能前途无量。爱人也翻来覆去睡不着，大概一是不适应酒店的环境，二是难得出远门太激动，三是想儿子。

第二天我们起了个大早，各自租了辆小黄车骑向校园。校内空气清新、景色宜人，处处充满了人文气息，骑到儿子6月份来"三位一体"面试的地方，然后又去餐厅。那里早点品种繁多，价廉物美，不饱餐一顿怎么甘心？尝到了美食，逛了操场，一路看到了美景，当然更想碰碰运气，看看会不会遇到儿子。结果还真遇上了，骨干营的同学来操场跑步了，真的见到了儿子，格外兴奋。

但毕竟人家在训练，我们只能远远地看着。这时，我们想起，爱人同事的女儿就在北京工作，同事退休后在女儿家帮忙带小孩，不如联系一下，说不定以后还要请她帮忙，远亲不如近邻嘛。在他乡遇到曾经的同事，遇到老乡真的备感亲切，老乡还盛情款待了我们。她女儿特别优秀，从北京外国语大学毕业后，就直接留在北京工作，已成家立业，房子也已买好，据说接下来他们小夫妻还有机会分到房子，真为老乡高兴。我们也期待着这一天早日到来！

虽然有太多的不舍，但我知道放手是为了更好发展。这次儿子真的是出远门了，不过他也成人了，十八岁都过了半个月了，能为自己负责。儿子出门在外安全、健康第一，学习上努力就行，生活中学会吃苦耐劳，与人交往牢记吃亏就是便宜，心存感恩，眼勤看、脑勤思、腿勤跑、口勤问、手勤记。总而言之，愿你的大学生活繁花似锦。

8月21日，我们推着两个空箱子回平湖了。那天正好赶上开学第一天，老师们要集中开会。本来爱人单位还安排了她在暑期师德培训活动中上台发言，所以临时安排同事来介绍爱人的优秀师德表现，结果连开会都迟到了。但儿子的事是大事，再说儿子考上清华不仅是我们的光荣，也是大家的光荣，所以即使迟到点，领导也表示理解。

自从儿子考上清华，同事们、周围的邻居都投来了羡慕的眼光，纷纷祝贺。变化最明显的是儿子是开飞机的一位家长，向来对谁都不服，但对我们的态度由高傲变为了谦卑，左一声"老师"，右一声"老师"。不过生活中这样的人毕竟是少数，大多数人还是实事求是、友好待人的，愿我们的社会更加和谐吧！

心中有梦，眼里有光

尊敬的各位领导，亲爱的老师们：

大家上午好！

为期两天，四场精彩纷呈的论坛，震撼人心，催人奋进。看到了几位姐姐孜孜不倦行走在科研路上，一路付出一路收获，我备感惭愧；看到了实小青年教师追光而行，有梦想有担当，未来的你们一定光芒万丈。难得走上这么大的讲台，藏在心里的话已经憋了很久很久：谢谢各位领导、老师，谢谢你们对我的鼓励与包容，让我再一次成为师德先锋中的一员，鞭策我不断努力前行！

今天跟大家交流的题目是《心中有梦，眼里有光》，梦想就是一个词，不在于拥有，而在于追求的过程。

二十八载坚守讲台，初心不改；立心力行专注育人，踔厉前行。我努力用爱心换学生的真心，用细心赢得家长的称心，用热心给身边的人送去暖心。

一、红心向党，书写责任担当

作为一名党员，冲锋在前，先锋攻坚。疫情停课不停歇，我放下教本就穿起防护服，哪里需要就到哪里。同事说：怎么想得到这是一个上学期每天喝中药的人，连续做志愿者，咋吃得消？我看着那么多志愿者舍小家为大家，与其待在家里，还不如出来做点事，累并快乐着，疫情期间累计志愿服务五十小时。邻里之间友好相处，我主动为有困难的老人解决生活中的小问题；同事之间团结互助，主动分忧帮忙代课，努力书写党员的责任与担当。

二、爱心育人，引领学生成长

作为班主任，要求学生做到，自己首先得做到。我采用值日班长"竞岗制"，实行"个人加减分制度"，立足榜样为特色的班级文化建设，以丰富多彩的活动育人，用经典滋润学生心灵。每次班级被选到上公开课或去报告厅参加活动，我都跟学生说：机会总是留给有准备的人，这机会是大家努力得来的，这是学校给我们的考验！学会珍惜，好好把握！班内一家长因孩子在家玩手机，管不了向我求救，了解后才知道这手机就是家长自己给他的；羡慕别人家的孩子有多优秀，殊不知他们家长背后所付出的努力和辛酸。及时家访，交流沟通，终于明白原来孩子这样都是家长自己惹的祸，改变孩子先改变自己。我不定期分享好文、好书给家长，提升素养，和孩子一起成为最好的自己。

三、潜心教学，加强团队合作

作为数学老师，我工作踏实，所带班级成绩名列前茅，曾在期末统测中获全市第一。一年来，辅导学生写的数学日记和读后感共发表九篇，获奖一篇。作为备课组长，带领组员齐心协力，同甘共苦。近两年，经历过全市抽测、教学质量抽测、省测等。每次一接到任务，我们就积极准备，在姜校的引领下，我们组率先对学生进行规范答题的指导。经过几次模拟，学生掌握了答题技巧，知识点扎实了，期末成绩名列全市前茅。备战省测时，我们边上新课边复习，省测卷题目"活"，那段时间晚上、周末批改是常态，批改后再逐题进行年级分析，各个数据做到准确无误，再上报研训中心。为了迎接平湖市教学质量抽测，我们停新课、补漏洞。急需复习资料，阿杨立马解决，抽测问卷，秀平及时找来，最终不负众望，抽测成绩全市领先。我班小陶抽测成绩比原期末考提高了整整四十八分，我奖励他校门口站岗，他特自豪，干活起劲了，还评上了劳动能手。网课期间，我们做起了主播，录制视频，答疑解惑，帮助学生学习。不定期地在线上线下开展教学研讨，分享资源，共享智慧。暑假刚放，有家长想要答案对照批改。以往假期结束，暑假作业最多检查一下做了没有，几乎不可能逐题批改。没有答案，于是我就让两个学生提前一天完成作业发给我，我自己做一遍批改后，第二天晚上把做得好的作为标准答案发在班群里，同时分享给我们组内的老师，这样坚持一个月完成了暑假作业，主要想帮助学生打好基础，迎接六年级的挑战！

四、悦心生活，传递正能量

生活中，我努力做到己所不欲勿施于人。我的幸福是回家给父亲烧几个菜，陪他唠唠嗑的同时，不忘去看望从小待我如父的伯伯，看他们穿着新衣新鞋，吃着饺子时的满面笑容；是陪婆婆一起跳广场舞，教公公做养生粥的温馨画面；是儿子至善为人的知恩图报；是多替爱人、公婆着想的家和万事兴；是每天锻炼，在坚持中的收获满满；是踏上讲台，陪伴学生心灵成长的美好时光……

地球是圆的，有些看上去是终点的地方，也许是起点。心中有梦，坚守内心的方向，眼里有光，也终会抵达温暖的地方。

此文是我爱人作为校师德标兵在全校大会上的发言稿。

附 录

家信选录——鸿雁传情

初一书信选录一

昊昊：

见信好！你到蛟川书院上学也有两个多月了，可你知道爸爸妈妈是如何想你的吗？每当你晚自修快结束的时候，爸爸妈妈就早早地守在电话机旁，为的是听一下你那熟悉的声音，了解一下你的生活和学习情况，再反复地叮嘱几句，自己才能安心睡觉。每当夜深人静或有空的时候，妈妈总是在网上搜寻你们学校的有关情况，以便及时地跟你交流和指导。每当半夜醒来的时候，妈妈总是喃喃自语：我又想昊昊了，不知咱儿子被子盖上没有；天冷了，儿子今天有没有穿外套；热水瓶里水不知倒了没有，天凉了，睡觉前该好好泡泡脚；明天天气好，儿子的被子该晒晒了……

你知道吗？为了晚上跟你打电话，妈妈特地在电话机旁放了一本本子，以便打电话前逐条列出，节省时间，因为你的时间宝贵，想让你有足够的时间休息。爸爸为了给你打电话，干脆把坚持了两年多的作息时间也改了，推迟到9:30睡觉，因为爸爸打了电话之后，每天按摩穴位的任务9:00之前就完不成了。为了每一次电话把我们的意思高效准确地传达给你，我们在打之前总是讨论一番，拟出几条纲领性的文字……总之，千言万语也说不完爸爸妈妈对你的思念。

昊昊，还记得一年前我们一家人为你要不要去蛟川读书争论的场面吗？当时你态度坚决，言辞恳切，爸爸也全力支持你，妈妈显得依依不舍，毕竟你是妈妈身上掉下的一块肉啊！最后，爸爸和你一起说服了妈妈，妈妈也很快转变了角色，变成了拥护派。那时，我们达成共识，那就是：好男孩志在四方，在镇海成才的概率肯定比在我们平湖高得多，但我们应该清楚地认识到，镇海中学的学生不是个个都能考上清华北大的。所以报到那天，爸爸就对你说，考上蛟川书院，这只是万里长征走完了第一步，只是给你提供了一个走向成功的舞台，至于成功与否，完全取决于你自己的努力程度。两个月来，让爸爸妈妈欣慰的是：你适应得很快，正在朝着既定目标一步一个脚印地坚定地努力着。我们相信经过几年的努力，你完全可以实现你的理想，爸爸妈妈等着你的好消息哦！

昊昊，俗话说："在家靠父母，出门靠朋友。"因此，结交什么样的同学尤为重要。近朱者赤，近墨者黑。像你后桌的那位张同学，你要跟他多交往，学习他的积极上进、文明有礼。而对于那些缺乏上进心、骄傲自满的同学，除了工作需要外，尽量少接触，选择什么样的朋友，就会有什么样的结果。当然每个人都有缺点，我们要学会辨别，多学习他人的优点，这样你就会变得越来越优秀，希望你以后慎重交友。

昊昊，出门在外，安全第一，希望你平时增强安全意识。上体育课时、打篮球时、上下铺时都要注意人身安全。饮食时要注意食品安全、荤素搭配，特别是少吃那些垃圾食品（如饮料、干脆面等）。教室里和寝室里要注意用水和用电安全。跟陌生人或不三不四的人要保持一定的距离，毕竟社会上的人形形色色，三教九流，什么都有，无论谁叫你出去，你都不能答应。

昊昊，为人处世上，我们嘴巴甜一点，手脚勤一点。主动跟人打招呼，包括在电话里也要主动跟父母打招呼，这样才称得上知书达理、文明礼貌，让人家感觉到你是一个有知识、懂礼貌的好孩子。还有拿人家的东西必须经过他人同意，千万不能自作主张，有句古话叫：一失足成千古恨。相信你懂得其中的道理，特别是周末一个人在教室或寝室的时候，更要注意自己的行为举止。切记，做人比学习更重要，这方面的例子或道理爸妈以前也给你讲过不少，望你牢记终生。

昊昊，读书如打仗，同样需要勇往直前的精神。在家里时，你有时学习效率不够高，我们希望你在蛟川书院分秒必争，提高学习效率。因为蛟川高手如云，对你既是挑战，又是机遇，只有在这样的竞争下，你才有可能成为真正的人才。爸爸一直说你是只"猴子"，在蛟川拔尖了才算得上是"老虎"，所以我们希望你早日成为"老虎"，爸爸妈妈相信你的能力。拿破仑有句名言：不想成为元帅的兵不是好兵。同样，不想获得状元的学生也不是好学生。这话可能有点过分，但我想它的确有一定的道理，你说是吗？至少它反映了我们要有上进心这个道理。

当然，学习也要讲究方法，文科侧重看、读、背，但理科偏重做和理解。每个人的记忆力又有所不同，有的是"百灵鸟"类，那就需要在早上多记一些；有的是"猫头鹰"类，那就需要在晚上多读多记。初中的学习方法跟小学有所不同。中学里上课时重点是记好笔记，强调预习和复习，更强调自主学习，要想拔尖，还得大量地做一些课外练习。妈妈在群里看到你们班的一个家长说上个星期你们班的一个孩子做了三十二份科学试卷，所以你在完成课堂作业之外，也要适当地做一些课外练习，以便学得更深、更广，为以后的中考、高考打下扎实的基础。特别是爸爸妈妈帮你买的几本课外作业，或是老师推荐的，你要千方百计做起来，有机会的话多请教，千万不能束之高阁。要知道，优等生是自己学出来的，而不是光靠老师教出来的。

昊昊，自信心是前进的动力，希望你在学习上充满自信。

你看，英语你原来自我感觉不怎么样，但去蛟川后充满自信，所以成绩就上去了，当然，最主要的是你肯主动地去学习它了。你的优势应该说很明显，各门功课都不偏，齐头并进，并驾齐驱，所以总分不会差。另外，音体美等你也不错，综合素质较高，所以我们认为只要你肯努力，应该很有潜力，这一点，凡是熟悉你的人都这么说（包括郝老师）。学习之外，你也要劳逸结合，需要适当休息、锻炼（比如打球、聊天、吹笛子等），但不能过度，要记住你的主要任务始终是学习，而非打球、看课外书等。不过，爸爸妈妈也惊喜地发现，去镇海后，你比以前更懂事了，学习上、生活上、礼节上都有不小的进步，相信你会越来越棒的！在蛟川的每一天，爸爸妈妈希望你吃好、睡好、学好，做真正的三好！

昊昊，成长的道路不会一帆风顺，有阴天才感觉到晴天的温暖，有绿叶才感受到花儿的美丽。不管在生活中还是学习上碰到什么困难，都要记得跟我们交流，因为你始终是我们的最爱。让我们一起面对，一起分担，一起商量对策，办法总比困难多。只要你学习上尽力了，不管最后结果如何，我们都无憾了，因为我们曾经努力过！

昊昊，俗话说：父爱如山，母爱似水。再多的言语也表达不尽爸爸妈妈对你的思念之情，再长的书信也倾诉不完我们对你的关爱之心，爸爸妈妈只希望你健康快乐地成长，不断地完善自己，超越自我，成为一个有理想、有道德、有作为的优秀人才！

祝昊昊
身体健康、学业进步！

深爱你的爸爸妈妈
2011年11月2日

初一书信选录二

亲爱的昊昊：

我知道现在你正在晚自习，看到你早上没有消费记录，不免为你担心，嘴里嘀咕着：这孩子，早上吃了没有啊？要是在家里，妈妈可以早起一点，为你做早餐，绝不能让我最爱的儿子饿着肚子上学去，因为你是妈妈的心头肉啊！此时我和你爸爸在家里谈着你，想着你，念着你。我一直觉得我的儿子是优秀的，因为你一直在不断努力着，收获着。如果你还没有很优秀的话，除了你自身不能克服的因素外，最主要的是我的原因。因为从你身上，我看到了我的影子。我肯吃苦，你也是。我爱帮助人，你也是。我以前上学时是班长，你也是……如果不是巧合，那就是父母永远是孩子模仿的榜样，永远是孩子的第一任老师。不过我还是觉得你比妈妈厉害好多，真的。你比妈妈有志向，比妈妈聪明好学，比妈妈爱思考，比妈妈有胆识……

昊昊，我常常想，我生了你，给了你生命，给了你健康的身体，我的使命就完成了吗？我是一个称职而合格的妈妈吗？如果在你这十三年的人生道路上，你有过自卑，学习的障碍，待人接物的冷漠，孩子，那不全是你的错。那是妈妈教得不够好，我教的你还没消化，还没理解……

回想起往事，无数感动涌上妈妈心头。2006年6月，那时的你不满7岁，可是在妈妈心里你已经是个小大人了。爸爸独自一人去石家庄看病，整整四十二天，你天天盼着爸爸身体快快好起来，早点回家。当一次次得知爸爸病情反复不能回家时，你看着泪流满面的妈妈，伤心的眼泪在你眼眶里打转，你却像个大人一样一边帮妈妈擦泪，一边安慰着妈妈。你还帮妈妈一起干活。地上脏了，你就拖干净；垃圾满了，你就拿去倒掉；你还像爸爸平时一样每天晚上把门锁好，睡觉时让妈妈躺在你的怀抱里，让妈妈感到既安全又舒服。你还每天坚持学习，吹笛子、练毛笔字、看课外书……妈妈真是看在眼里，喜在心里，为我亲爱的儿子这么懂事感到欣慰，现在想来，如果当时没有你，妈妈一定不会这么坚强地面对这么大的困难，因为你是妈妈最大的精神支柱。如果没有你，或许爸爸也不会这么勇敢地与病魔做斗争，幸好有你，我们挺过来了，让我真正明白了什么叫风雨之后见彩虹！

　　昊昊，还记得小时候在外婆家让碗给奶奶的情景吗？还记得妈妈洗脚时，你看到妈妈的棉毛裤膝盖处破了一个洞，你难过地跟妈妈说，以后挣钱了给妈妈买裤子的事吗？还记得爸爸睡在床上，你给爸爸倒水拿药，送洗脚水的事吗？还记得爷爷被车撞了，你主动从自己的小金库里拿出一百元给爷爷治病的事吗？那可是你发表作文的稿费……这一切的一切，好像就发生在昨日，让我深深感受到有个儿子真好，有你这么孝顺的儿子真是妈妈的骄傲，妈妈以你为荣！

　　昊昊，你是爸爸妈妈的希望，从你出生的那天起，爸爸妈妈就看到了希望。有了你，爸爸妈妈更感到生活的快乐；有了你，爸爸妈妈更感到生活的美好。看着你纯真欢乐的笑脸，看着你健健康康地成长起来，爸爸妈妈的心里总有着说不尽的甜蜜与骄傲。昊昊，你是爸爸妈妈心中的宝贝。爸爸妈妈愿意一生都陪伴着你、爱着你！希望与你一起成长，更希望成为你的朋友。

　　昊昊，进入初一，你不在我们的身边，的确有点儿不习惯，没有陪在你身边，学习和生活全靠你自己。你一直给妈妈的感觉是：你有能力照顾好自己，能做到自主学习，合理安排学习和活动时间。不管怎样，你都是我们永远的最爱。

孩子！当你还很小的时候，我教你慢慢用汤匙、用筷子吃东西，教你系鞋带、扣扣子、溜滑梯，教你穿衣服、擤鼻涕。这些和你在一起的点点滴滴，是多么令我怀念不已。只要和你在一起，就会有很多的温暖涌上心头。

昊昊，事实证明，你是很牛的。那天晚饭时你的电话，让我真的好感动，听着你在电话那头"呵呵呵"的笑声，一声"妈妈"让我真的好激动，听到铃声的爸爸赶紧放下碗。当你说进入数学兴趣小组A班的时候，我们真的觉得儿子你好牛好牛，我也相信你会处理好兴趣小组和主课学习的关系。

昊昊，还是那一句话：我们先要吃好、睡好，才能学好，这样才是真正的三好。天冷了，记得倒上热水，洗脸洗脚，晚上泡了脚后，睡觉舒服，身体也好。听群里有个家长说孩子脸都不洗的，这样的话漂亮的脸蛋也会粗糙，成为细菌滋生的场所了。

昊昊，生活上、学习上遇到困难，一定要告诉爸爸妈妈，不能只报喜不报忧，知道吗？昊昊，无论你长得多高，走得多远，爸爸妈妈的祝福永远不会改变，永远深爱着你，爸爸妈妈的目光永远深情地跟随着你。

爱你的爸爸妈妈

2011年12月6日

初一书信选录三

亲爱的昊昊：

一提起笔，似有千言万语想跟你说，可又不知道从何说起。

今天晚上，我在擦柜子的时候，看着你小时候挠着头，穿着背心，笑呵呵的那张照片，我的思绪仿佛回到了十三年前：在人民医院的产房里，我多么想平平安安地生下你，也许是你在肚子里的时候太顽皮了，脐带绕着你脖子了，疼得妈妈在产床上直冒汗，医生阿姨只好把妈妈的肚子剖开来，把你带到了这个世界。当听到你清脆的啼哭声，之前的疼痛又算得了什么呢？心中满是幸福，同时也感受到肩上那份沉甸甸的责任。

不足七个月时，一向习惯了农村生活的奶奶要把你带乡下去。为了不让爷爷奶奶分开，为了爸爸妈妈上班时你有人带，再加上爸爸说的：乡下的空气新鲜呀！我还是十万个不舍地把你送到了乡下。每个周末，不管刮风下雨、严寒酷暑，我们都会带着吃的、用的，带着我们的爱去看你，哪怕爸爸没有空，妈妈也会独自骑着助动车去看看我最亲爱的宝贝儿子。那时你体弱多病，打针吃药伴随着你。在乡下生活，你常常磕磕碰碰，总是这摔伤了，那擦破了。宝贝，还记得小时候追线粉吗？既有趣又心酸，有趣的是你为了追线粉，居然趴到了地上，心酸的是妈妈没有能力照顾好你，没有告诉你那有多脏。因此，我暗暗下定决心，等你可以进托儿所了，我一定把你带在我身边，就这样十七个月后你进了青青托儿所，后来去了咱们家屋前的智慧托儿所。还记得那年暑假，学校里组织去北京游玩，去之前，你稍微有点感冒，我犹豫不决，你爸爸劝我：单位难得组织长途游玩，你要珍惜这样的机会。北京之行中，你仍是我最牵挂的。回到家时，家门紧闭，一问才知道你因为高烧不退、肺炎住在城北眼科医院了。我把行李扔在家门口，直往医院跑，看到病床上挂着点滴昏睡的你，我心痛不已，把你抱在怀里，痛哭流涕，内心充满了愧疚。

每次你都是第一个到托儿所，最后一个离开，可是你又那么懂事，从来不会因为这个原因哭闹。你理解妈妈为了上班，只能早早地把你送去，下班了才能来接你。接了你后，咱们一块儿去菜场，然后回家烧饭做菜，每天忙忙碌碌。至今不愿去回想那段艰辛的养育过程，那几年，妈妈似乎把能吃的苦都吃尽了。再苦再累，都是幸福的。那时候，妈妈只有一个愿望：快让我的昊昊长大吧，只要你健康，即使笨一点也没有关系啊。

好在你终于长大了，而且让我惊喜的是：你一点也不笨，那么聪慧，那么可爱，让妈妈尝到了无限的喜悦。

幼儿园、小学、初中，你在一点点长大，现在你的个子超过妈妈了，经常在不经意间一抬头，看到一个男子汉站在跟前，每当这时候，妈妈就被满满的幸福包围了起来。

蛟川书院，多么闪亮的字眼，提起这个，绝对能让很多家长心跳加速，让妈妈自豪的是，你——我的孩子，竟然考进了这样的牛校。

当所有的喜悦归于平静，当牛校的神话色彩渐渐淡化，当你终于能静下心来去适应初中生这一角色的时候，很多现实问题也浮现了出来。

你在小学时是众星捧月的尖子生，老师、同学都特别关注你，你可能早已习惯了被优等生的光环所笼罩。突然来到这样的班级，周围全是尖子生，每所学校的第一名、第二名齐刷刷地云集到了一个班级，这是怎样一种壮观的景象啊？这又给你造成了多大的压力啊？

这种压力，你就是不说，妈妈也能明白。

每次回家，妈妈都心疼地发现你变了，能静下心来学习了。和你打电话，你的话不多，总是爸爸问一句，你答一句，多么希望你能主动和我们交流呀！不过，我知道你会努力的。挂了电话，有时想想，我的孩子，你到底怎么了？是因为学习的压力让你喘不过气来，还是因为青春期的叛逆，让你认为跟父母的沟通是如此多余呢？

妈妈也经历过十一年寒窗，能体会到读书的辛苦，但妈妈仍感谢那段读书的经历，正是这段经历，教会了我怎样学习、生活和做人。

那么现在来说说你目前遇到的问题。蛟川在给你造成压力的同时，也赋予了你无限的机遇。蛟川的师资配备是最强的，你在汲取课内知识的同时，可以在自己钟爱的学科上尽可能地去发挥自己无尽的想象力。蛟川的同学是智慧和热情的，只要你愿意，你可以就任何一个问题展开讨论，保证不会遭遇无人应答的尴尬场面。当你处在一个充满竞争的环境中时，无形的外力会不断推动着你前进。压力能变成动力，这话你认同吗？

你是个很要强的孩子，在各个方面都严于律己。要强的品质让你在许多方面如鱼得水。你经受了无数次成功带来的喜悦。小学时，因为优等生的特殊身份，让你受到很多额外的关注，但你有没有觉得，这种额外的关注，有时候反而会成为一种桎梏？因为它总会给你一种暗示：你只能成功，不许失败。事实上，这种观点是错误的。不管是伟人还是平凡的人，一生中总会经历无数次失败，失败并不可怕，可怕的是承受不了失败的打击，而变得一蹶不振。有一句话，相信你一定听说过：失败是成功之母。智慧的人会从失败当中不断总结经验教训，让一次次失败变成成功的垫脚石，而不聪明的人，只要经历一次小小的失败，就会不停地自怨自艾，沉浸在失败的打击当中无法自拔。你会选择做前者还是后者呢？妈妈相信你一定会毫不犹豫地选择前者的，对吗？

刚刚从大的方面跟你讲了很多，现在引申到很小的细节。今天妈妈给你写这封信，有一部分原因是你刚刚经历过几次小测验失利的小小打击。说实在的，妈妈对分数看得并不重，我最关注的是，每次的挫折让你总结到了哪些教训？哪些是你以往的学习中欠缺的，哪些又是你在以后的学习中需要改正的？如果你在考试之后已经清醒地认识到了自己的优缺点，对后续的学习有了很客观的规划，那么这次考试的目的就已经达到了。面对分数，不管是高分还是低分，智慧的人已经把眼光放到更远处，预期让这次的分数成为下次成功的铺垫，而不聪明的人，会长时间沉浸在这次的分数中无法自拔：高分让他沾沾自喜，低分让他一蹶不振。那么孩子，你又会用怎样的态度去对待分数呢？相信你一定是智者，对吧？

珍惜在蛟川的学习经历，珍惜跟同窗的友谊，让竞争的压力变成向上的动力。温室中的花朵注定是不鲜艳的，最绚丽的彩虹必定出现在风雨之后。相信通过三年初中生活的磨炼，我的孩子，你一定能收获最丰硕的果实。妈妈期待着收获的那一天。加油，孩子！

祝宝贝

心想事成！

爱你的爸爸妈妈

2012年2月20日

初二书信选录一

昊昊：

　　此刻我思绪万千，突然又想给你写信了，这是你步入初二后收到的第一封信，妈妈此时此刻特别地想你。刚刚看到你的消费记录，妈妈真的特别揪心。开学以来，怎么经常在小店消费呢？是小店的诱惑力特别大，是食堂的饭菜不好吃，还是真的忙得连排队买菜的时间也没了呢？我不禁为你的身体担忧，学习再好，身体垮了又有什么用呢？妈妈宁愿要一个健康快乐的你。人是铁饭是钢，小店里的基本是垃圾食品，爸爸为什么以前身体不好，你知道吗？你还很小的时候，爸爸工作忙，早上6点上班，有时来不及吃早饭，就吃泡面，久而久之对身体影响很大，从而影响到了工作。我想你应该记得那时爸爸生病的情景，那天我和你爸爸从嘉兴检查回来，爸爸独自去学校里借钱看病，妈妈以为这次我们家完了，嘉兴的医生已经给爸爸"判死刑"了，回来和你抱头痛哭。那时你才10岁，我们不知道花了多少精力和财力，才捡回了爸爸的生命。你一个人在外，爸爸妈妈照顾不了你，既然选择了，真的希望你再忙都要好好吃饭，别经常去小店了，你现在已经14岁了，应该能明白其中的道理。

　　十四年了，你童年时的一幕幕情景，就像一幅幅彩色的动画，时常在我脑海里浮起。我常常感觉冥冥之中有一种无形的力量，把爸爸妈妈和你紧紧地系在了一起，这种关系除了血缘以外，还有一种浓浓的情缘。我们为你的到来、为你的优秀、为你的健康成长而兴奋不已，使我感到既快乐又幸福。

　　在这十四个春秋里，爸爸妈妈每时每刻都在关注着你的进步，关心着你的成长。从小学到现在，你一直都是很优秀的，偶尔一次考试成绩不理想，我知道那也是你一时的疏忽，我相信你会立即赶上去的。昊昊，有时爸爸妈妈对你发火，那也是一时的冲动，看到你有时自以为是真的为你着急呀！请你谅解。学生要学会先做人，再做学问。把做人放在第一位，做人其中包括懂礼貌、讲道德、讲文明、尊老爱幼等，爸爸和妈妈希望你今后要知书达理，遇事不要先着急，要有礼貌，要尊重老师和家长，做事前要学会反复思考，要经常和同学、朋友交流，团结同学，帮助别人，学习他人的长处，弥补自己的短处。我认为学习要巧学，不要死记硬背，要抓窍门，多借鉴一些优秀学生的学习方法，经常不耻下问，多向老师提一些疑难问题，对于一些难点、要点，要反复地学、反复地背，只有这样，才能牢记在心里。离中考还有不到两年的时间了，在这段时间里，你要充分把时间运用好，制订出自己的学习计划，踏踏实实、一步一个脚印地向前冲刺。

昊昊，你是爸爸妈妈生命的延续，也是爸爸妈妈未来的希望，你的一举一动时刻牵动着爸爸妈妈的心。今后的路还很长，你要勇敢地面对任何挑战，爸爸妈妈永远是你坚实的后盾。妈妈始终坚信你是最棒的，你是最优秀的。记得有位作家说过这样一句话："人的一生只有三天，昨天、今天和明天。昨天，已经过去，一去不复返；今天，它正在你的脚下，分分秒秒地在缩短；明天，它是未来，它是希望。"只有珍惜今天，未来才有希望。

昊昊，你是我的骄傲，妈妈为你自豪。初二是一个转折时期，相信自己，坚持就是胜利。愿你脚踏实地，实现心中的梦想！爸爸妈妈永远支持你，祝福你！

牵挂你的爸爸妈妈
2012年9月8日

初二书信选录二

吴吴:

　　我最亲爱的儿子,下午好!好久没给你写信了,妈妈又想你了!

　　想远在三百里外的你,是不是冷了?但我想你一定会照顾好自己,爱惜自己的身体!中午看群里的家长聊天,说你们下午长跑比赛,每班五男五女参加,有的孩子居然打电话求问父母有没有快速生病的方法,要是生病了,下午就可以不用跑步了。我想,老师选中你的话,你一定会努力克服,因为你知道跑步也是一种锻炼,可以让自己更强大。想着你是不是累了?复习阶段一定是忙碌的、紧张的。学习是体力劳动更是脑力劳动,但我相信你一定会劳逸结合,不断调整自己的复习策略,学会查漏补缺,不懂多请教同学和老师……

　　时间过得真快,刚刚还觉得你小学毕业,一晃一年半都过去了,看着电脑桌面上的照片,你越长越高了,已经超过了爸爸,朝气蓬勃、自信、坚强、勇敢集于你一身。不经意间,发现妈妈都要奔四了。吴吴,如果有一天,你发现爸爸妈妈不再爱吃清脆的蔬果,而喜欢吃稀饭,吃煮得烂烂的菜,做事总是忘这忘那,越来越爱唠叨,吃饭时还咳个不停……如果有这么一天,你要知道爸妈真的老了。

　　吴吴,我们要常怀一颗感恩的心,世界会变得更美好。学会感恩父母,无论子女怎么平庸,在父母眼里,他们是自己最亲的骨肉,是自己心头永远丢不下的牵挂;感恩老师,是他们春风化雨,一日一日,用知识浇灌着学生,让学生茁壮成长;

感恩来自陌路的微笑和关照，那或许是一次旅途中，或许是在人生的低谷里，那来自陌路的微笑和伸手的温暖，会焐热我们冰凉的旅途和人生，让我们顺利地跨过生命的坎坷；感恩一切应该感恩的，滴水之恩当涌泉相报……

昊昊，看着你一天天地长大，妈妈最希望你一个人在外以身体为重，注意安全。垃圾食品口味很诱人、美味但影响健康，吃它等于是享受眼前的快乐，但同时也埋下了未来的痛苦。其次要学会与人交往，有良好的交际能力，你才能在这个社会上立足，才会成长得更优秀。最后是学习，让爸爸妈妈感到欣慰的是你在学习上还是比较懂事的，让我们少操了不少心。去年一学年的一等奖学金已经证明了你的努力没有白费。倒不是因为你奖励到了一万二千元，我们不在乎那钱，而是觉得那是对你成绩的肯定，这是用金钱买不到的。有时我跟你爸爸说：那么多尖子生都集中在一起，会不会给你造成的压力太大了？有压力才有动力，但压力过头就会适得其反，变成阻力了。我相信你会明白妈妈一直说的：只要尽力就好，争取给自己少留点遗憾。也相信你会记得爸爸跟你说的：吃力吗？吃力了，咱们就停住脚步，不参加"2+4"选拔考试了，歇一歇，一步一个脚印走吧，也许走得会更稳健。爸爸妈妈一定会理解并支持你的。因为妈妈也经历过十一年寒窗，能体会到读书的辛苦，但妈妈也感谢那段读书的经历，正是这段经历，教会了我怎样学习、生活和做人。

每每看着你信心满满地做事，听到电话那头的你传来清脆的甜甜的"爸爸""妈妈"的叫声，即便不是我在跟你打电话，在旁边的我也会听到的，心里甭提有多高兴了。儿子今天心情不错哦！学会感受学习的快乐，激发自己内在的力量去面对压力，对一个人的成长是至关重要的。一个人如果不懂得将压力转化为快乐，无论在学习上，还是以后的工作、生活上，他都是不快乐的，他都会抱怨。抱怨命运对自己的不公，抱怨父母给他太少。我相信你的一切追求都源自你的需要。孩子，加油吧！我们永远是你坚强的后盾。

下周就要期末考了，你打电话问我："可不可以这个星期留宿？如果留宿，小干也留宿的。"妈妈尊重你的决定，你觉得怎么有利就怎么做。其实我知道近三个月了，每个周末你为了准备选拔，都没打过篮球，手痒痒了，妈妈完全同意你的做法，因为我知道你是一个有分寸的老班，大家都以你为榜样哦！你看看小干的妈妈今天特地开了一个多小时的车到校，还给你晒被子了，要不是你在，她早就把小干带回家了，因为她相信你，相信小干跟着你，一定会成长得更好。同时我相信经过前期的复习，你一定有足够的信心了，也相信你有很大的上升空间，有未曾开发的潜力。昊昊，只要我们思想上重视了，优秀生其实大多数题目都会做，现在就看谁能不遗漏每一个重点，不放过每一个疑点，不忽视每一个难点，学会查漏补缺，这两天要以文科为重，理科适当练练笔，巩固一下错题。考试时一定要调整好心态，遇到难题先放放，你难人家也难呀，审清题意是解题的前提，作文要得高分还得把字写端正，像有的题是多解题，可别漏写了，一句话：只要尽力了，无怨无悔！你说对吗？

祝愿昊昊期末能正常发挥，给自己交一份满意的答卷！刚刚听说你1500米长跑比赛获得了年级第一名，我的孩子，你真的太棒了！真为你高兴！这几天要吃好、睡好，照顾好自己。知道吗？昊昊，妈妈想你！明天爸爸来看你，你就能看到妈妈给你写的这封信了！等你考完试，我们娘儿俩再好好聊聊！

祝宝贝

心想事成！

永远牵挂你的爸爸妈妈

2013年1月25、26日

初二书信选录三

昊昊：

你好！一转眼，爸爸妈妈已步入中年，抬头看着你一米七五的个子，我才真的明白岁月不饶人啊，我们已慢慢变老，如今15岁的你都成小伙子了。

看着期中考后，你学习上的退步、思想上的变化，真的揪心啊！也许你并不知道这些天来我们为了这吃不好，睡不香。再看到你前晚的浮躁、昨晚的MP3，真的像刀割在我们的心上。很久没见你爸爸发这么大的脾气了，为什么？因为伤心，因为他是那么爱你！如果你仍旧执迷不悟，我想你会知道后果的，爸爸是说到做到的人。我们的心情随着你的喜怒哀乐而变化，我们也扪心自问，为你这些变化谈论到深更半夜。为什么我的孩子会出现这些状况？是因为昊昊突然变笨了吗？在认识你的人眼里，你一向是个优秀的孩子，让多少家长刮目相看，让自家的孩子以你为榜样，看看你一路走来所取得的成绩，已经证明了你只要努力，方法得当，你并不笨呀！那是因为我们给你的压力太大了吗？每每你出现"失误"的时候，我们也在寻找原因，没有压力就没有动力，如何把压力转化为动力，我们一直跟你说，如果觉得学得吃力，够不着了，我们可以放慢脚步走，只要你认为已经尽力了就够了。别若干年后，回首往事，遗憾地说：哎……如果当初，我排除一切干扰，摆正心态，积极进取，今天我还会更出色！

妈妈白天忙自己的工作，晚上还得操劳家里的活，每天比在厂里上班还要忙……这些日子来，我真的感觉自己随着年龄的增长，腰酸背痛的。虽然辛苦，虽然劳累，但是一直以来，爸爸妈妈都觉得这一切的付出，为了儿子有个美好的未来，值得，累并快乐着。

我相信你记得，当五年前妈妈独自从嘉兴拿回爸爸的核磁共振报告单，爸爸去学校借钱时，我告诉你：爸爸病了，病得不轻。你懂事地抱着妈妈痛哭。其实那时嘉兴二院已经给爸爸"判了死刑"，你的懂事让妈妈欣慰，你是我们家的精神支柱，爸爸这根顶梁柱，怎么可以倒下呢？四处求医，几次上北京、去上海看病，到杭州做了两次手术，在我们的共同努力下，爸爸终于重获新生。看着你那么懂事，所取得的成绩让爸爸引以为荣，他每天微笑着面对生活，感觉阳光是那么灿烂，怀着憧憬，已经坚持锻炼了整整五十个月。是谁给了他力量？当然是你。不怕你笑话，上学期你的出色表现，让爸爸妈妈都笑着入眠，有时激动地谈上一两个小时，想象着你美好的明天，好像就在眼前一样。

昊昊，每周你回来，最忙碌的就是爸爸。你看看如今的他已经近半百了，人生能有几个五十年呀。周末绞尽脑汁为你买好吃的，做你喜欢的菜，生活上无微不至地照顾你，希望你有个好身体，身体是学习的本钱呀。看看他的手，在水里洗这洗那，又红又烂，我想你会明白的。什么时候坐下来，仔细地看看爸爸脸上的皱纹，摸摸他的手，当水果拿过来的时候跟爸爸说一声：爸爸，辛苦了，你也坐下来一起吃吧！或者给爸爸喂上一口呢！我相信他会比现在干得更起劲、更高兴！昊昊，我们不求你的回报，只要你能明白我们的良苦用心，只要你的未来比我们好。

养不教，父母过。你有时的自私、我行我素，真的让我们心寒。也许你并不清楚，爸爸得的是克隆氏病，这病是不能根治的，治疗方法国内外都还在摸索阶段，容易复发，他需要静养，不能生气和操心。我忘不了当你爸爸生病时，我独自扛起这个家，爷爷奶奶躲着爸爸，拉着我到另一个房间，流着泪安慰我，要体谅爸爸，照顾好爸爸，而我却故作坚强，面对他们不哭泣还得安慰老人家，晚上只好躲在被窝里默默地流泪，里里外外都是我一个人，真有种叫天天不应，喊地地不灵的感觉。好在你懂事，让我一路走了下来，爸爸也躲过了一劫。你看看，从昨晚到现在爸爸都还没笑过，辗转反侧，整夜未眠，为你的不懂事担忧，真的是特伤心。我希望爸爸等会儿上来，你能跟他认个错，叫他别生气了，告诉他你会安心学习，尽你所能，努力做好每一件事。相信他会原谅你的，毕竟血浓于水呀！昊昊，一切生病的根源都跟心情有关，心情差了，免疫力就低下，病魔就会缠身。别让爸爸生气了，如果我们这个家爸爸倒下了，后果不堪设想。记住不管结果如何，只要我们曾经努力过。

儿子，你要珍惜现在每一天的生活，人生太过短暂，要把握好每一天。学生时代是美好的，在人的一生中是很值得怀念的，但也是很辛苦的，对你来说，就是要安排好每一天的学习，不断总结自己，找出差距与不足，针对自己的薄弱环节多请教老师和同学，一切学问都要靠平时的积累，成功永远属于生活的强者。人的一生其实就像龟兔赛跑，现在跑在最前面的那个人，不一定是最终在前面的那个人；最终在前面的那个人，一定是一直在跑的那个人。我们希望你就是那个一直在跑的人，不管你现在是兔子还是乌龟。

或许你觉得累了，想放松一下自己，或许你有自己的想法，或许爸妈思想陈旧了，观念落后了……不过，时间是不会因你有许许多多的或许，就停下来等你的。等你明白了这许多的或许，可能你已经错过了人生最好的时机。孩子，人生最无奈的事，就是自己想做却做不到。到时，你一定会像我们一样，寄希望于下一代了。人不能没有妄想，只要敢想，就会成功，只要不放弃就有希望。就像当初爸爸生病时，如果我放弃了，爸爸也就没有今天。

孩子，看到你回到家里，有时阴着脸，做事磨磨蹭蹭，妈妈心里真的好难过。你知道吗？妈妈非常非常爱你，你的喜怒哀乐时刻牵动着妈妈的心，你所有的一切妈妈都在乎。因为你是妈妈的骨肉。

妈妈无法做到超凡脱俗，虽然我希望你健健康康、快快乐乐，哪怕是讨饭我也不会嫌弃，但我还是要求你为考上好的大学而努力，以便将来顺利找到理想的工作。因为我看到过那些生活在社会底层的人干着最苦、最累的活，收入最低还没保障，更可怕的是被人看不起，为什么？仅仅因为他们没有文化。更何况社会是残酷的，儿子你一定要明白，一个懒懒散散、一事无成的人将会被社会所淘汰，幸福的生活是要靠艰苦奋斗创造出来的。即便妈妈爱你但也必须让你接受历练，否则我害怕你今后将难以生存。或许你有远大的理想，但一个没吃过苦的人容易好高骛远，只能"长枪背不动，短枪打不准"。爸爸妈妈也有一天会老，不可能一辈子为你遮风挡雨。孩子，我要求你读书用功，不是因为我要你跟别人比成绩，而是因为我希望你将来拥有选择的权利，选择有意义、有时间的工作，而不是被迫谋生。当你的工作在你心中有意义，你就有成就感；当你的工作给你时间，不剥夺你的生活，你就有尊严。成就感和尊严，会给你快乐。

孩子，虽然每天跟你通电话的是爸爸，但我们一直开着免提，我无时无刻不在牵挂你的成长，内心想知道你每一点变化。你已经开始长大了，妈妈很高兴。只希望你有一个健康的身体和美好的未来。孩子，我不希望你处处出人头地，但妈妈希望你做事、学习要认真、仔细，要有持之以恒的精神。以前做不好不代表以后会失败，要有不服输的精神，从今天开始，我们必须努力去做，用心去做。我相信你会理解爸爸妈妈的良苦用心的。孩子，我希望你在今后的学习生活中更勇敢一些，敢于说出自己的想法，错了，可以改，可不能一错再错，要有敢于承认错误的勇气，如果没有，就连改的机会也没有了。

你现在正处于青春期，这是一个身体和思想快速发展的阶段，对事物感觉朦胧、好奇，这些都是正常的，不要紧，更不要无奈，好好地开开心心地过每一天，我相信，你可以自我调节，自我减压，自我升华，更何况还有我们呢，我们同甘共苦。

昊昊，做错了事情，或成绩不理想时，批评你，有时会伤害你的自尊，在这里，爸爸妈妈对你说声对不起，我们不是完人，也有这样那样的缺点，希望我们一起面对。面对学习中的疑难和困惑，跌倒了没关系，爬起来继续，我们还是好样的！孩子，现在静下心来学习，排除一切杂念，还不迟，希望你像你的签名一样，做最好的自己。

也许妈妈在很多地方与你们年轻人相比有点"out"了，但丰富的人生阅历让爸爸妈妈对问题的看法也许比你更清醒。良药苦口利于病，忠言逆耳利于行呀！有时虽然药苦但管用。儿子，我们不要求你供养我们下半辈子，同样地，我们也不会供养你下半辈子。当你长大独立时，我们的责任也已完结。今后无论你坐公交还是开奥迪，吃海参还是粉丝，都要你自己负责。

儿子，亲人只有一次的缘分，无论这辈子我们和你相处多久，一定要珍惜！因为在人的一生中，没有人有义务要对你好，除了我和你爸爸！

希望昊昊做行动的主人！

永远爱你的爸爸妈妈

2013年6月2日

高中期间的一封信

昊昊：

　　自从去年6月你步入高中学习，你的生活也和初中有了很大的不同。你有了新的老师、新的同学，也遇到了更厉害的对手。从进入镇创班那一刻起妈妈就下定决心，一定帮助你把你的学习潜力挖掘出来，因为妈妈深知你是个聪明、有潜力的孩子。高一一年有收获也有遗憾，但这只是开始，愿你更加努力创造更优异的成绩，当然这不是说说就能办到的。

　　作为母亲，我希望你少走弯路！我一直认为你是个懂事的孩子，是值得妈妈骄傲的孩子。尽管妈妈很少表扬你，因为妈妈怕你自满，但妈妈从心里为你的进步高兴。从小学到初中，你也走了很长的一段路，这段路是怎么过来的，你比谁都清楚，你也明白自己是怎么踏进蛟川书院然后上镇中又进创新班的。既然你以前通过自己的努力有了很大进步，我同样相信你能通过努力进你想进的大学。上镇创意味着你要做更多的题，思考更多更深的东西，理科对你而言，周围强人太多了，但你要相信，强人也不是天生的，只要你坚持不懈，你终有变得更强的一天。就如你说的，有时考试明明自己会做的，可为什么就错了呢？我想你已经在思考这个问题了，说明我的儿子是积极向上的。考试，一方面是检验你前面的学习效果，另一方面，也是考验你的应试能力和考试心态。我有时候觉得你对自己缺乏信心，还有你的应试能力也有待加强，如果一场考试别人都能按时完成而你没有的话，说明你的能力还是有问题的，要学会安排。我希望你以后做题，能有一个时间概念，给自己一个规定。也要学会调节心态，其实人生，很多时候心态决定了一切。记住没有做不到，只有想不到。有了扎实的基础、丰富的知识、强劲的能力，你还怕啥呢？昊昊，希望你学会找自己的缺点，发挥自己的优点，用你的智慧去创造属于你未来的世界。其实人都是有惰性的，区别在于成功的人赶走了它，失败的人滋养了它。这几天我看你一直开着电脑，你说在学习网上的书，我始终相信实践是检验真理的唯一标准，这样的学习效果如何时间会证明一切的。有时候我觉得我的儿子特懂事，让我感到安慰；有时候又觉得你太顽固，让我觉得自己与你距离好远。

昊昊，成绩分数固然很重要，它是衡量你学习进步与否的标尺，但我更看重儿子对知识的掌握和领会，每门学科都有着它独特的魅力，当你享受到了知识的无穷奥妙时，你也就更能感受到学习和奋斗的乐趣。时间好快，马上你就要升入高二年级了，不知道你对各门学科有这样的体会没有？即使没有，现在培养也来得及，因为妈妈更希望儿子的学习生活充满着快乐和满足。当然要享受这一切离不开对知识的好奇心和探索欲。人生的意义在于享受不同阶段的过程，奋斗并快乐着应是你在学校的最佳状态，当你沉浸在知识的海洋里孜孜以求时，不知不觉地，好成绩也就会不期而至，不信你试试看。昊昊，妈妈想让你知道，之所以那么多的家长在意孩子的学习分数，可能是不想有朝一日分数阻碍了他们孩子的远大理想的实现，妈妈也一样。

妈妈知道心有多大，世界就有多大，也知道人生在世不可能一帆风顺，那也只是美好的祝愿。进入高中经历了几次考试，成绩起伏是正常的，但要学会及时总结进步的经验，吸取退步的教训，以便做到有的放矢。考好了不能沾沾自喜，考砸了也不能垂头丧气。在高中就得练就不屈不挠的本领，因为妈妈看到过太多的学生胸无大志，稍有挫折就一蹶不振，一点成绩就沾沾自喜，这样的学生将来又能成什么大器呢？

当然了，人生在世除了成功，还有更重要的，那就是情，亲情、友情、爱情将是你人生路上的三道风景线，想一想你们同学朝夕相处，各自奋发有为而又相互帮助，而老师又像是灯塔，指引着你们前进的方向。昊昊，你要学会善于向他人学习，利用身边的资源来提高自己，自助很重要，但他助有时也会给你一臂之力，当然了这要看你的主动沟通和交往能力。至于爱情，真是美好，就像树上的果子，到了该采摘的季节，鲜艳诱人；可如果提前采摘，品尝到的将是苦涩。人生的每个阶段有每个阶段的风采，看看那些提前预支的人的结果吧，到了该充分享受爱情的美好时，他们却在黯然神伤，相信其中的利弊你是分得清的。至于亲情，昊昊，无论你多大，你永远是我们的最爱。

昊昊，本来这个暑假我想好好陪陪你的，原本我还打算到镇海办张自行车卡，出行方便，还锻炼身体，可是现在爸爸病了，需要我，我又不能陪你了，有事尽管给妈妈电话或短信。昊昊，你抽空给爸爸也发条短信，汇报一下自己的学习生活或问候一下，有时候我们还是得把自己想说的表达出来，对方才会感受到其中的温暖。你说，对吗？昊昊，妈妈一有空就过去陪你，你也要学会照顾好自己，照顾好自己就是在帮助妈妈减轻负担！昊昊，你渐渐长大，和爸爸妈妈在一起的时间会越来越少，所以我们要加倍珍惜，不要再在不愉快的氛围中生活，这不利于健康，相信爸妈也是很民主的，永远关注和支持你的，无论你走到哪里，无论发生什么，你至少还有我们，我们的家永远是你的港湾。妈妈永远爱你！

在浙大夏令营期间安全（人身、财物、饮食、交通）第一，不该做的事不做，不该说的话不说，但也要学会保护自己。每天手机定好闹钟，要有合理的作息制度，好好学习，积极思考，大胆参与。记得每晚方便时还是发条短信或打个电话，爸爸妈妈会牵挂你的，愿你这个暑假收获多多！

爸爸妈妈

2015年7月12日

给十八岁儿子的信

亲爱的儿子：

  时间过得真快，一转眼你已经到了十八岁的年龄，马上就要步入成年人的行列了。如果说人的生命中有一个时刻是最有意义、最值得重视的，那无疑是此刻了。这是一个人一生中最重要的转折——经过十八年的培育和成长，你已经从一株细小的幼苗长成了一棵参天的大树，从现在起，你将要告别天真稚嫩的少年时代，完成从一个未经世事的孩童到成熟独立的成年人的转变。这是一件多么值得庆贺和纪念的事情啊！

  昊昊，不管你长多大，你永远都是爸爸妈妈的儿子。成人，这两个字写起来并不复杂，但蕴含的内容却丰富而深刻，其中最需要记住的应该是这两样：责任和价值。

  首先，我们希望你做一个负责任、肯担当的人。责任是成年人最重要的标志，也是生活中的重要内容和原则。当你拥有了独立选择和行动的能力，也便有了相应的责任和义务。只有懂得负责而又能够负责的人，才能被社会认同和接纳，成为一个真正受人尊重的人。

  其次，我们希望你是一个有价值、有作为的人。世界上的每一个生命都有自己不可替代的意义和使命。不论你在哪里，从事什么工作，不论成就大小、财富多少、位置高低，人生真正的成功其实在于能够施己所长、益人益世、有所奉献、无愧于心，生活得快乐而充实。

  在这个特别的时刻，作为你的爸爸妈妈，我们还要发自内心地向你表示感谢！感谢你带给我们许多快乐和美好记忆，也

追梦

感谢在养育你的过程中我们获得了许多人生的启示，从这个意义上说，你也在带领我们不断成长。这些都会成为我们一生中最宝贵的精神财富。也许我们从未这样明确地表达，但在我们的心目中，你一直是我们最大的骄傲。你是一颗非常优秀的种子，从小聪明可爱、正直善良、纯真大气，你的身上有许多我们所不具备的才情和品质。即使过去在你成长的岁月中，我们对你有过很多的批评和责备，甚至有一些过分的苛求，但那都是因为我们对你抱有更多的期望，希望你能够更优秀、更完美。

在你十八岁成人之际，如果说我们对你还有什么期望，那就是希望你永远不要丢掉自己身上那些美好的品德，并且能够不断地完善自己。有些东西，无论走到哪里，无论环境如何，无论经历什么，都是永远不能放弃和改变的，比如：善良、诚实的品质，对正义的坚持，对友谊的珍视，对苦难者的同情，对大自然的敬畏……要始终怀抱美好的理想，那是你人生向上的动力；学会感恩、学会欣赏，学会宽容和忍让，那是你生活快乐的源泉；善于观察、独立思考，那是你获取真理必经的路径……己所不欲，勿施于人。不以恶小而为之，不以善小而不为。

儿子，在你今后成长的道路上，我们依然是你最坚强的精神依靠，并愿意做你最贴心的朋友和最亲密的伙伴。不论你走到哪里，不论你遇到成功或失败，顺利或挫折，我们都永远爱你，我们的心永远陪伴你、支持你、信任你。为你的今天喝彩，为你的未来祝福。

亲爱的儿子，在你即将告别少年时代，步入成人行列之际，爸爸妈妈以朋友和长辈的身份由衷地祝福你茁壮成长、青春健康！十八岁，人生崭新的起点。跨过这道门槛，你将肩负太多太多的责任：对自己负责，创造美好的未来，创造快乐健康的生活；对父母负责，分担他们的忧愁；对未来的爱人负责，共享美丽人生；对未来的孩子负责，给予他（她）快乐和幸福；对社会负责，创建和谐美好的社会……这么多的责任，你将如何去面对？

坚定自己的信念，汲取前人丰富的经验，塑造健美的体魄，用渊博的学识和才华、刚毅和自信，去实现自己那不悔的承诺！十八岁该是扬帆起航的时候了。你在心里一定要做好准备，一定要记住智者关于人生的三条忠告：第一，永远不要走捷径，便捷而陌生的道路可能要了你的命；第二，永远不要对可能是坏事的事情好奇，否则也可能要了你的命；第三，永远不要在仇恨和痛苦的时候做决定，否则你以后一定会后悔。不管你是否做好了准备，你的十八岁已经到来了。伴随你的成人礼而来的，是你一生中最重要的考试，在对他人、社会承担责任之前，你首先要为自己承担责任。你要不懈努力着，我们在期待着。机会，对每个人都是平等的，但是，它只留给勇于吃苦、敢于拼搏、善于舍弃的人，留给已经准备好了的人。只有付出努力，才能够得到回报。所以，从现在起，你要学会把握和放弃，放弃的是杂草和异景，把握的是自己的未来，放弃只是暂时，有所得必有所失。总之，不要做让自己后悔的事。

儿子，感谢命运赐予我们阳光般热情善良的你；感谢每一位在你成长道路上给予你指导的师长；感谢每一个和你共同走过童年、少年，一起步入青年的同龄朋友。感谢你，我的儿子，感谢你给我们机会重温生命的成长并且分享你成长中所有的喜怒哀乐，我们的生活也充满了快乐。

十八岁似乎是个分水岭，你真正地远离家乡、远离父母，只身到北京去求学深造，未来求职创业。不再有亲人的经常相伴，不能再依赖父母给你无微不至的照顾。你独立的生活已经拉开了序幕！记住，一切要靠自己。

儿子请记住：爸爸妈妈永远是你最忠实的朋友，在你成长道路上无论遇到什么挫折和坎坷，我们都是你坚强的后盾。十八岁以前，你是属于我们的；十八岁成人以后，你将属于你自己。你会庆幸，你是我们的儿子，我们也庆幸，能够给你一个健康的生命，我们知道这个生命是我们存在这个世界的意义和最好的理由。最后，还是想用保尔·柯察金的名言作为我们给你的十八岁寄语的结尾：当他回首往事时，不因虚度年华而悔恨，也不因碌碌无为而羞耻。

爱你的爸爸妈妈

2017年8月